国家社科基金资助项目(11BSH051)

中国志愿者组织社会动员

李芹　刘伟　等著

山东大学出版社

图书在版编目(CIP)数据

中国志愿者组织社会动员/李芹等著.—济南:山东大学出版社,2018.9

ISBN 978-7-5607-6201-2

Ⅰ.①中…　Ⅱ.①李…　Ⅲ.①志愿者—社会服务—研究—中国Ⅳ.①D669.3

中国版本图书馆 CIP 数据核字(2018)第 230001 号

责任编辑:米克荣
封面设计:张　荔

出版发行:山东大学出版社
　　社　址　山东省济南市山大南路 20 号
　　邮　编　250100
　　电　话　市场部(0531)88363008
经　　销:新华书店
印　　刷:济南景升印业有限公司
规　　格:850 毫米×1168 毫米　1/32
　　　　7.25 印张　181 千字
版　　次:2018 年 9 月第 1 版
印　　次:2018 年 9 月第 1 次印刷
定　　价:26.00 元

目　录

导　论…………………………………………………………（1）

第一节　研究背景与研究意义……………………………（2）
第二节　文献综述……………………………………………（9）
第三节　理论视角 …………………………………………（20）
第四节　分析框架 …………………………………………（25）
第五节　研究发现、存在问题与对策建议………………（38）

第一章　志愿者组织社会动员的主体及其他要件 …………（42）

第一节　动员主体及其行动特征 …………………………（42）
第二节　动员客体及其选择 ………………………………（57）
第三节　社会动员的描述性要件 …………………………（59）

第二章　转型期志愿者组织社会动员的方式与手段 ………（67）

第一节　志愿者组织社会动员的基本方式 ………………（67）
第二节　志愿者组织社会动员的主要手段 ………………（71）
第三节　不同条件下的社会动员方式与手段 ……………（80）

第三章　转型期志愿者组织社会动员的影响因素 …………（84）

第一节　志愿者组织社会动员的宏观影响因素 …………（84）

第二节　志愿者组织社会动员的中观影响因素 …………（92）
第三节　志愿者组织社会动员的微观影响因素…………（101）

第四章　转型期志愿者组织社会动员的功能与价值………（106）

第一节　志愿者量与质的提升……………………………（106）
第二节　提供更高质量的志愿服务………………………（114）
第三节　有效促进公民参与………………………………（118）
第四节　推动和谐社会发展………………………………（123）
第五节　志愿者组织社会动员的负功能…………………（128）

第五章　转型期志愿者组织社会动员的基本特点…………（133）

第一节　多元的动员主体…………………………………（134）
第二节　有侧重的动员对象………………………………（138）
第三节　稳中求进的动员方式……………………………（142）
第四节　充满现代性的动员手段…………………………（145）
第五节　有针对性的动员策略……………………………（148）

第六章　转型期志愿者组织社会动员的主要问题…………（155）

第一节　动员主体存在的问题……………………………（155）
第二节　动员客体存在的问题……………………………（164）
第三节　动员活动中存在的问题…………………………（166）
第四节　动员环境存在的问题……………………………（169）

第七章　加强志愿者组织社会动员的对策建议……………（176）

第一节　创建良好的政策环境，实现制度创新 …………（176）
第二节　加强志愿者组织能力建设，完善组织管理机制
……………………………………………………………（184）
第三节　弘扬志愿文化，创造优良的社会环境 …………（192）

第四节　培养志愿服务精神,扩大志愿服务影响力 ……(195)

结　语……(198)

附件一　志愿者组织社会动员访谈与座谈提纲……(199)

附件二　志愿者组织社会动员现状调查问卷……(202)

主要参考文献……(209)

后　记……(223)

导　论

伴随中国社会现代化进程的快速推进、公民社会的逐步成长和国际社会志愿服务实践的广泛影响，中国志愿者组织走过了几十年历程，志愿服务组织参与领域越来越广、参与程度越来越深，服务内容和形式正在由单一化走向多元化，从服务弱势人群的初期生长点走向全面关注人的总体生存状态，初步形成各级政府重视、社会各界支持、民众积极参与的长效发展机制。但从总体情况看，目前志愿者组织及志愿服务事业仍处于发展初期，经常性、长期性参与志愿服务的民众比例不高，尚有不少民众尚未参与到志愿服务的行列中，志愿者组织的动员能力较为薄弱，许多志愿服务项目的长效化、制度化水平比较低，在一定程度上制约着志愿服务的活动成效。由此决定了必须构建和完善志愿者组织的社会动员机制，倡导志愿精神，扩大社会认知，凝聚更多服务资源。

本书立足于中国社会转型的时代背景，以志愿者组织社会动员为研究内容，通过梳理中国转型期志愿者组织的动员要素、动员方式、影响因素，描述志愿者组织开展动员的现实状况，探讨志愿者组织社会动员的价值与功能，提炼转型期志愿者组织社会动员的主要特点，剖析志愿者组织社会动员面临的主要问题与困境，在此基础上提出相应的对策建议，为推动中国志愿服务事业进一步发展提供有益参考。

第一节　研究背景与研究意义

一、研究背景

自改革开放以来，中国经济实现连续高速增长，社会财富总量不断攀升，人民收入及生活水平得到极大提高。同时，多年来快速但不平衡的发展将中国社会带入充满变化和多元纷争的转型期，“从‘一元主体’向‘一体多元’结构不断转化，从总体性社会向集中和多样化共存的社会不断迈进。在社会管理方面，从国家—单位—个人的一元管理格局向社区、社会层面多种力量相互协作、共同治理的格局转化；在福利供给方面，从国家力量支配下的再分配模式向国家、市场、社会、个人多种力量共同承担的模式转变”①。伴随社会的巨大变迁和深刻转型，志愿服务事业日益受到社会的广泛关注。尤其近 30 年来，政府机构改革的压力、市场经济发展对各种中介性、公益性服务需要的不断增加，公民意识的提升所带来的对社会公共事务的普遍参与，使得参与志愿服务的人数规模有所扩大，兴办志愿服务的部门和组织越来越趋于多元化，志愿者年龄结构已从青年为绝对主体向各个年龄段人群共同参与的方向转化，志愿者组织也越来越多地渗入到社会的各个层面和不同领域。公开数据表明，截至 2011 年底，全国已建立 43 万个志愿者组织，注册志愿者超过 2000 万人，每年为社会提供 3 亿小时以上的

① 李友梅：《中国社会生活的变迁》，中国大百科全书出版社 2008 年版，第 1 页。

志愿服务[①]；截至2015年12月，全国已实现31个省（区、市）志愿服务组织区域全覆盖，覆盖志愿者超过1亿人。从志愿者组织数量来看，截至2013年12月初，全国已建立超过43万个志愿者组织、19万个志愿者服务站，常年开展活动的志愿者超过5000万人。[②]

志愿者组织的壮大与志愿者数量的增加，有力推动了中国志愿服务事业的发展，由此带来了积极的社会影响。其一，作为一种高尚的社会行为和公益慈善事业的重要组成部分，志愿者组织所开展的利他性、无偿性志愿服务有力回应了社会需求，在帮助弱者、消除贫困、保护环境、社区建设、维护社会秩序、举办重大活动等众多领域提供了大量的人性化、细致化的服务，在弥补社会保障不足、维护社会安全稳定、服务经济建设等方面发挥了积极作用。其二，众多的志愿者组织成为联结公民和政府的一条重要纽带，在沟通政府与民众的关系、弥补政府和市场缺失方面发挥着重要的"第三只手"的作用。其三，作为体现人类精神文明的重要力量，志愿者组织以志愿精神的传播和实践有力地促进着社会文明水平的提升。各类志愿者组织承担着将志愿理念转化为现实、将公众的服务热情转化为高水平志愿服务的责任，为人们提供了"爱心奉献，助人自助"的机会和平台，吸引着越来越多的民众投入其中。通过服务过程，志愿者不仅得到了自我教育，获得心灵洗礼和精神升华，而且还成为精神文明的传播者和实践者，成为构建和谐社会的重要力量。

伴随中国志愿服务事业的快速发展，志愿者组织以崭新、醒目

---

① 参见刘佑平：《中国慈善事业现状及发展》，中共青岛市委宣传部、青岛市民政局等单位主编：《第三届"慈善青岛"论坛慈善论文选编》，2012年，第8～21页。

② 参见史祎、李泽伟：《全国已建43万个志愿者组织，人数超过5000万人》，新浪公益，http://gongyi.sina.com.cn/gyzx/2013-12-06/102146743.html。

的形象进入中国政府和公众的视野，社会各界对志愿者组织在各个领域发挥作用的期待与日俱增。然而必须清楚地看到，中国正处于社会转型期，经济产业、社会结构、政治生态、自然环境都在发生深刻急剧的变迁；弱势人群还有不少数量，急需获得更细致、更充分的服务；民众对公共服务的多样化需求远远没有得到有效满足，亟待动员更多的志愿者与公民积极投身志愿服务事业。这为志愿者组织的社会动员工作提出了新的挑战与机遇。

第一，从社会层面看，中国的快速发展与转型在给经济社会带来巨大活力的同时，也使得社会建设和管理领域出现诸多新情况、新问题。比如改革开放进一步深入所带来的就业、社会保障、收入分配、教育、医疗、住房、群体性事件等领域的社会矛盾日益突出；随着经济体制、社会结构、利益格局和思想观念的深刻变化，治安、交通、环保等各种社会问题急剧增加；还有不少地区尚处于贫困和落后状态，老弱病残等群体需要持续的帮助；城市外来人口涌入、人口老龄化、下岗失业、贫富差距拉大、青少年犯罪、精神不健康、离婚率上升、艾滋病威胁等社会问题亟待解决。这些问题涉及的众多人群十分需要关注和帮助。如何应对并解决这些问题与困扰，除了综合运用行政手段、经济手段、法律手段之外，还需要探索新的工作手段和方法，改革创新社会管理体制，争取更大的资源投入。在中国，发展志愿者组织、扩大志愿者队伍、动员广大民众参与志愿服务正是这种内在需求的客观体现。

第二，从公众自身需求层面看，随着人们的收入大量增加，生活水平不断提高，越来越多的人逐步将人生追求的重心从物质层次转向更高的精神层次，志愿服务开始成为人民群众的精神追求。伴随市民文化和公民社会的发育，人际关系开始由传统的血缘、地缘等纽带为主向以职业、兴趣等纽带为主转变，公众对社交和自我实现的需求上升，对社会公共事务的参与热情逐步高涨；他们希望通过加入志愿者组织，以服务他人这种现实的方式来表达和展现自己回报社会的意愿和对美好精神的向往。如何让这些人找到志愿服务的平台和组织，让其爱心通过志愿服务获得表达，成为志愿者组织开展动员必须面临的问题。

第三，从志愿者组织和志愿事业发展的层面看，动员更多具有服务理念、充满爱心和责任感的民众加入志愿者组织，开展形式多样的志愿服务活动是推进中国志愿服务事业的根本保障。中国志愿者组织目前主要还是依靠行政力量推动，志愿者组织化和社会化水平偏低，自主空间不足，这就决定了必须不断完善志愿者组织的社会动员机制，倡导志愿精神，扩大社会认知，凝聚更多资源，以便壮大志愿服务队伍，推动志愿服务事业持续健康发展。这一必要性从国际社会志愿服务事业的层面看更为明显：志愿服务起源于19世纪西方国家的宗教慈善服务，继而发展为一种基于道德、良知、社会责任等因素，自愿贡献个人时间和精力、为社会提供服务的无偿行为。第二次世界大战以后，西方主要发达国家均把志愿服务纳入到政府的宏观调控之中，并通过一系列的政策制度改革，规范志愿者服务活动，逐步建立了相对完善的运作机制和管理体制，无论在组织相对规模、志愿者占全国人口比例，还是在资金投入结构等方面均明显优于中国（见表1）。这也从另外一个角度表明，中国志愿服务事业具有广阔的发展空间，需要志愿者组织构建更为有效的动员机制，创新并运用更加现代化的动员方式及其技术手段。

表 1　　西方主要发达国家与中国志愿者组织发展的规模比较

国家	志愿者组织数（个）	志愿者占全国人口比例(%)	人口与志愿者组织比	年平均投入（亿美元）	政府投入比例（%）	私人投入比例（%）	服务收入比例（%）
美　国	1480000	38	178/1	5250	31.9	18.9	38.6
加拿大	146000	31	208/1	865	60	14	26
日　本	254128	31	495/1	—	38	1	60
以色列	23000	22	250/1	70	49	14	33
中　国							
1997 年	181318	1.2	6818/1	—	53	21.8	6
2009 年	431069	8	3096/1	—	—	—	—

数据来源：罗公利、肖强等著：《青年志愿服务长效机制建设研究》，经济科学出版社 2012 年版，第 8～9 页。其中美、日、以三国为 1996 年数据，加拿大为 1998 年数据。

第四，从志愿服务事业研究的层面看，鉴于志愿者服务在现代社会发挥着越来越重要的作用，越来越多国内外学者开始高度关注并深入研究。相对而言，西方发达国家学术界对志愿者、志愿组织以及志愿服务的研究比较系统，研究成果较多。中国大陆的志愿服务研究伴随志愿服务事业的发展不断推进，有关志愿服务的理念，志愿服务活动领域，志愿服务的组织管理，志愿服务的运行机制，不同群体志愿服务的领域、特点与作用等研究成果获得快速增长，尤其是随着中国新型志愿者组织的发展和公民参与进程的推进，有关志愿者组织的研究开始活跃。一些学者对不同类型志愿者组织进行了描述性研究，如关于社区志愿组织的研究、关于“官方”志愿组织的研究、关于“半官方”志愿组织的研究以及关于民间志愿组织的研究等，这些成果在一定程度上代表着中国志愿者组织研究的深入，为推动中国志愿者组织的健康发展提供了有资可鉴的资料和富有启发的参考。但是,从现有研究资料看,很少有文献将志愿者组织动员作为一个整体进行全方位考察,更缺少从中国社会转型期这个特定时期出发开展的实证调查与探讨。志愿服务事业发展除了政府推动和志愿者组织能力提升外,还需要进行更深入、更细致、分领域、分专题的研究,对志愿组织动员问题开展调研无疑属于这类专题性研究。

综上,中国正处于社会结构调整期,经济制度、社会制度急剧转型,给人们物质和精神生活带来巨大改变,民众的多元化需求与服务还不能得到有效满足,公共领域还存在诸多政府难以顾及的地带,亟须志愿者组织的广泛动员、积极作为以及民众的自觉参与。近年来中国志愿者组织社会动员工作进展不小,但主要依靠行政力量推动,社会化水平偏低,如何进一步激活志愿者组织活力,动员更多民众和资源参与志愿服务活动,壮大志愿者队伍,增强志愿者组织实力,直接关系到转型期中国志愿服务事业的未来走向以及社会影响力的塑造。

二、研究目的与意义

(一)研究目的

1. 理论创新:志愿者组织的社会动员是因应志愿服务事业的需求而产生的社会活动,广泛动员有服务理念、服务愿望和一定技能的志愿者和民众参与活动,是志愿服务事业生存与发展的重要前提。由于志愿者组织动员主体、客体与动员方式的多样性和复杂性,已有的文献研究和个案探讨并不能完全反映该领域的现实状况。本书在挖掘国内外文献资料基础上,梳理作为动员主体的志愿者组织的多样性,细致考察它们开展动员工作的基本状况、动员方式、影响因素以及功能价值,力求总结出转型期的志愿者组织社会动员的特点,在志愿服务及志愿者组织理论方面进一步确认已有发现,并提出新的研究结论与认识,弥补既有研究的不足。

2.对策创新:相比发达国家,目前中国志愿服务事业起步较晚,志愿者人群所占人口比例较小,不少民众尚未参与到志愿服务行列中,志愿者组织的动员能力比较薄弱,其中存在诸多影响因素与制约条件。本书试图将学术性与应用性研究相结合,希望通过考察志愿者组织动员存在的问题,提出相关的政策依据与对策建议,供政府相关部门和志愿者组织参考。

(二)研究意义

社会动员对志愿服务事业意义重大,如果缺少足够数量的志愿者,志愿服务活动将难以开展,志愿服务事业就是无米之炊、无源之水。对志愿者组织动员状况开展研究无疑有助于认识志愿服务事业发展的内在规律、发展过程与未来趋势。

1.在理论建构层次上,志愿者组织动员研究是志愿服务领域研究的延伸发展。有关志愿服务以及志愿者组织的研究目前已有大量成果,但对动员领域的专门研究尚未受到充分关注。本书的内容有助于明确志愿者组织动员的内涵和价值,加深对志愿服务事业的理解和认识;有关社会动员所面临的环境、挑战、机遇、方式、法律依据及其功能等诸多因素均可得到更为透彻的解释;其研究成果可对志愿服务理论作出补充与拓展,为建立中国志愿组织理论架构提供有价值的学术资源和研究思路,并在一定程度上丰富当前中国政府—社会关系的深入研究。

2.在政策目标追求和实务运作层面上,研究不同类型志愿者组织动员问题,对于认清和解决目前民众参与率低、志愿者流失大、志愿组织动员不力等深层次问题具有重要的现实意义;对于政府制定和完善培育志愿者组织成长、促进志愿服务事业发展的相关政策可提供参考依据;对于不同类型志愿者组织开展广泛的动员活动可提供经验借鉴及咨询。

第二节　文献综述

从广义上讲，社会动员研究既涉及对某一社会生活范畴内社会动员现象的分析，也包括对某一行动主体社会动员行动的分析，其内容和层次十分繁复多样。因此，本节将首先考察那些单纯分析社会动员概念普遍内涵和一般规律的文献，然后再逐渐深入针对志愿组织社会动员的研究，以便更清晰地展现既有研究的脉络。

一、经典的社会动员研究

本书认为，经典的、单纯的社会动员研究可大致归纳出两条研究进路，其核心差异在于对社会动员这一概念的理解：

（一）政治学、社会学意义上的社会动员

“动员”这一概念原为军事术语，指在战时或在国家发生其他紧急状况时，组织武装部队积极从事军事行动，广义上也指组织一国的全部资源支援军事行动①，后被广泛运用于非军事领域，以表达“发动人参加某项活动”②的含义。而“社会动员”（social mobilization）的概念一般认为是美国政治学家卡尔·多伊奇（Karl. W. Deutsch）首创，用以描述人们所承担的绝大多数旧的社会、经济、心理义务受到侵蚀而崩溃、并重新获得新的社会化模式和行为模式的过程。③ 美国学者塞缪尔·亨廷顿（Samuel P. Huntington）进一步指

---

①　参见《简明不列颠百科全书》编辑部：《简明不列颠百科全书》第2卷，中国大百科全书出版社1985年版，第684页。

②　参见《现代汉语词典》“动员”词条，商务印书馆2016年版，第314页。

③　参见［以］S. N. 艾森斯塔德：《现代化：抗拒与变迁》，陈育国、张旅平译，中国人民大学出版社1988年版，第2页。

出,“社会动员是一连串旧的社会、经济和心理信条全部受到侵蚀或被放弃,人民转而选择新的社交格局和行为方式的过程”,“它意味着人们在态度、价值观和期望等方面和传统社会的人们分道扬镳,并向现代社会的人们看齐”[①]。这种界定强调社会动员是一种在特定社会条件下的、社会—人口层面的、宏观的现代化过程,并侧重于关注作为客体的社会生活和社会成员在变迁中的表现,忽略该变迁的目的性。国内学者王仕民、郑永廷、姚曙光、甘泉等人[②]的界定进一步突出了政治力量在动员中的作用,基本倾向与上述观点是一致的。

(二)中国语境下的社会动员

由于中国特殊的治理历史和体制环境,政治集团及其活动对社会生活的介入相当深刻、全面,现代化进程极少基于社会的自我运行和完善而发生。因此,相当数量的本土研究在界定社会动员概念时,主张直接突出政党、政府或国家作为动员主体的身份[③],认为社会动员是一种建立在动员主体的较明确目标之上的、引导性的具体活动。如吴忠民认为:“社会动员指有目的地引导社会成员积极参与重大社会活动的过程。”[④]梁颖则认为,社会动员是“党通过政权组织发动群众、组织群众、依靠群众进行社会主义建设的

---

① [美]塞缪尔·亨廷顿:《变化社会中的政治秩序》,王冠华等译,上海人民出版社2008年版,第26页,第5页。

② 参见王仕民、郑永廷:《现代社会条件下的社会动员与引导对策》,《社会科学》1997年第9期;郑永廷:《论现代社会的社会动员》,《中山大学学报(社会科学版)》2000年第2期;姚曙光:《论湖南近代社会动员的乡土性》,《江苏社会科学》2003年第2期;甘泉:《社会动员论》,武汉大学博士学位论文,2010年。

③ 单纯的社会动员研究尽管也指出了社会动员中的政治存在,但倾向于认为社会动员是一种在大规模政治思潮影响下的(半)自发变迁,这与国内学者强调政治力量的具体活动仍有明显不同。

④ 吴忠民:《渐进模式与有效发展——中国现代化研究》,东方出版社1999年版,第184页。

一种领导方式"[①]。这显然更贴近于政治动员的概念:"政治动员是指特定政治领导者或领导群以某种系统的价值观或信仰,说服、诱导或强制本政治团体成员或其他社会成员,获得他们的认同和支持,引导他们自愿服从和主动配合,以实现特定目标、任务的行为过程。"[②]反过来讲,一定程度上混用政治动员和社会动员概念的认识传统反映了中国社会各种动员行动中根深蒂固的政治或行政色彩。从文献上看,践行此种界定的史学研究较多,多是考察总体性社会某一时段中国共产党的执政政策和治理手段,如侯松涛、张孝芳、徐勇、李会先、刘一臬等学者的文章均属此类。[③]

可见,经典意义上的社会动员研究一般把社会动员视为宏观社会的整体变迁,不太重视社会组织等普通社会行动者在其中的作用。不过,它们确定了社会动员的一些基本要素和特征,如时间上的动态性和过渡性、主体体验上的使役性和被动性以及对动员主体的价值等。中国语境下的相关研究还突出了行政力量的强势存在等独特的社会文化背景,因此,这些文献仍然是包括本书在内的其他社会动员研究的重要背景和前提。

二、志愿者组织的社会动员研究

在上述研究基础上,一些国内学者着眼于总体性社会解体、转

---

① 梁颖:《关于社区思想政治工作社会动员和资源整合的思考》,《学术论坛》2003年第6期。

② 施雪华:《政治科学原理》,中山大学出版社2001年版,第740页。转引自龙太江:《从"对社会动员"到"由社会动员"》,《政治与法律》2005年第2期。

③ 参见侯松涛:《抗美援朝运动中的社会动员》,中共中央党校博士学位论文,2006年;张孝芳:《抗战时期中共群众动员的组织机制分析——以陕甘宁边区的社会教育运动为例》,《党史研究与教学》2008年第5期;徐勇:《"宣传下乡":中国共产党对乡土社会的动员与整合》,《中共党史研究》2010年第10期;李会先:《抗战时期陕甘宁边区民众动员研究》,首都师范大学博士学位论文,2008年;刘一臬:《社会动员形式的历史反视》,《战略与管理》1999年第4期。

型期来临这一现实，认为尽管政治动员与社会动员仍在相当多情况下密不可分，但代表国家的党和政府的统一体已不再是中国社会生活中唯一的行动主体，主张社会动员研究应实现主体的多样化——龙太江将这一转变称为从"对社会动员"转变为"由社会动员"，邓万春则称之为"从能力到主体：社会动员研究的话语转向"[①]。吴开松认为，一定的政治、经济、社会体制决定动员机制的特征。当代中国志愿者组织动员表现了政治动员机制弱化、社会动员机制强化以及政治动员与社会动员互为补充的特点。[②] 孙立平通过分析希望工程的募捐机制个案，探讨了第三部门凝聚社会资源的动员方式，将改革开放前党和政府对社会的动员方式总结为参与式动员、运动式动员和组织化动员。[③] 由此，针对各类民间组织等非党政部门行动主体的社会动员研究成为可能。

就本书关注的志愿者组织的社会动员而言，可从四个层面梳理既有文献：

（一）志愿者组织社会动员的内涵

目前学界对此主要存在两种观点：

其一，将社会动员基本等同于社会组织/志愿者组织的资源配置行为，包括对外部资源的吸纳和对内部资源的调配两方面。如徐家良认为："（危机中的）社会动员是指社会组织凭借着自治自律的特点，配合行政动员、政治动员，处理一些行政动员、政治动员所无法处理的事务，从而达到事务处置的最佳状态的一种动员方

① 参见龙太江：《从"对社会动员"到"由社会动员"》，《政治与法律》2005 年第 2 期；邓万春：《从能力到主体：社会动员研究的话语转向》，《理论导刊》2009 年第 1 期。

② 参见吴开松：《当代中国动员机制转化形态研究》，《内蒙古社会科学》2007 年第 3 期。

③ 参见孙立平等：《动员与参与——第三部门募捐机制个案研究》，浙江人民出版社 1999 年版，第 63～69 页。

式。”[①]赵凌云、邓蕾进一步指出，民间组织的动员有两层含义：一是民间组织吸引社会成员加入组织活动，或促使本组织成员按预定目标行动的过程。二是政府引导民间组织参与经济社会活动的过程。前者是民间组织对个人的动员，体现了民间组织的吸引力；后者是政府对民间组织的动员，反映的是国家与社会的互动。[②]王占军提出的“组织资源动员”概念内涵也与此类似：“指组织创建和运作过程中，对物质资源（经费、设备等）和人力资源（对成员的吸纳和激励）的动员。”[③]这种观点的核心是充分赋予志愿者组织以主体身份和能动性，甚至一定程度上回归了“动员”的本义即“发动人参加某项活动”。

其二，一些学者虽然承认社会组织的主体身份，但更强调将其动员行动纳入政党和政府引领的社会治理或公共管理体系中来考察，视其为总体性、政治性社会动员的一种实践手段。如王哲、李凌等人认为，志愿服务是重要的有效社会动员形式，发展志愿服务有利于将传统的整体性、运动式、强制性、低效率的社会动员转为多样性、常态化、自愿性、高效率的社会动员，进而推进和创新社会管理。[④] 蒋柳萍在考察上海世博会志愿者的组织过程时直接沿用了上文所述的政治性、总体性动员的思路，认为“社会动员是指由社会主导性政治力量有效发动人民群众广泛参与，为实现特定社会发展目标而进行的一系列活动，社会动员的目的是发动人民群众参与政府行为，实现国家意志。……上

---

① 徐家良：《危机动员与中国社会团体的发展》，《中国行政管理》2004 年第 1 期。

② 参见赵凌云、邓蕾等：《民间组织动员机制论析》，《广西社会科学》2010 年第 8 期。

③ 王占军：《高校公益性学生社团的组织资源动员——关于北京师范大学“农民之子”的案例研究》，《复旦教育论坛》2008 年第 1 期。

④ 参见王哲、李凌：《发展志愿服务事业，创新社会动员机制》，《北京城市学院学报》2012 年第 2 期。

海世博会(志愿者活动)作为政府公共管理中的大事件,再一次检验了新世纪我国政府的社会动员能力。"①作为公民参与公共管理的新形式,志愿事业的发展对市民社会的形成、服务型政府的建设大有裨益。这种观点的核心是突出"义务参与"作为一种社会行动的形式,将志愿者个体与宏观的国家相联系,实际上跳过了志愿组织,在这里,动员的意图更多地来自国家和政府,而非志愿组织主体意志的体现。

表 2 将以上两种认识与单纯社会动员研究中社会动员概念的两种理解作了对比,本书对志愿者组织社会动员内涵的解读基本上是后两种认识的延续。实际上,这两种认识也是转型期中国社会结构从单一的、统合的向多元的、交融的转变的一种体现:

表 2　对社会动员概念内涵的不同认识

	认识一	认识二	认识三	认识四
动员主体	——	政治集团,即政党、政府或国家	社会组织	社会组织与政治集团
动员客体	社会全体成员	社会绝大部分成员和物质资源在政治集团掌控下	该社会组织掌控下的或潜在的成员与物质资源	该社会组织掌控下的或潜在的成员与物质资源
目标指向	——	政治利益、意识形态及特定政治任务	组织运行与发展	社会治理与公共管理

① 蒋柳萍:《从世博会志愿者组织看社会动员——兼论公共管理中的公民参与》,《前沿》2010 年第 21 期。

续表

	认识一	认识二	认识三	认识四
时空范围	宏观	中观	中观和微观	中观和微观
核心特征	无意识，“社会”是唯实论意义上的、与“自然”对应的客观实体	引导性、强制和半强制，“社会”强调政治身份的差异，类似于“群众”	自主性，“社会”强调动员主体的社会性，与“国家”及“政府”相对	受控制的自主，“社会”强调资源归属的社会性，与“行政”相对
理论议题	社会变迁及现代化	国家治理，中共党史	社会组织发育及其行动策略，国家与社会关系	社会治理与公共管理，社会参与

（二）志愿者组织社会动员的主体

以上两种认识指出，志愿动员的主体可以是志愿者组织及其背后的政党或政府；而本土的传统志愿服务研究一般又将志愿者组织划分为青年志愿者、社区志愿者、企业志愿者、国际志愿者等不同类型。[①] 以此为标准，从本书主要关注的志愿者组织的角度看，既有的经验研究所涉及的动员主体主要是青年志愿者组织和大型活动志愿者组织[②]，如王占军对高校公益性学生社团的考察、蒋逸民和孟维岩等人对上海市某区青年志愿者的考察、蒋柳萍对上海世博会志愿者的考察、冯博雅对某中学社工站志愿服务的考

① 参见袁媛、谭建光：《中国志愿服务：从社区到社会》，人民出版社2011年版，第176页。

② 严格地讲，为大型活动服务的志愿者并不以社会组织为存在常态，将其称为志愿者群体可能更合适。

察等。[①] 这两类志愿组织的组织化程度高，有较长的动员传统和较丰富的动员经验，特别是比较符合典型本土语境下的动员的概念，动员效率较高，具体工作也比较典型。但无法代表在志愿事业快速发展背景下不同类型志愿者组织在社会动员方面的多样化做法。

（三）志愿者组织社会动员的方式和机制

该议题是志愿者组织社会动员研究的重点。孙立平、晋军等以希望工程的募捐机制为个案，提出了第三部门凝聚社会资源的两种动员方式，即组织化动员和准组织化动员，组织化动员对应于总体性社会，准组织化动员对应于后总体性社会。[②] 王占军分析了公益性学生社团对不同来源和不同类型资源的动员方式差异，指出其对学校资源的动员是一种“组织性动员方式”，其实质是对体制内部行政资源分配的被动接受；对社会资源的动员是“社会化动员方式”，即基于共同价值观的协商与承诺实行市场化的获取；对人员资源的动员是“责任感召和旨趣吸引方式”，具体方式是通过在校园内公开宣传来吸纳会员和招募志愿者。[③] 类似地，王玉生考察了某网络公益组织的几种典型的动员策略：获取网络资源的信息化策略，获取人力资源的伦理化策略，获取政府资源的合法化策略，获取市场资源的市场化策略，获取社会资源的社会网络化

---

① 参见孟维岩：《青年志愿者社会化动员方式研究——以上海市闵行区为例》，华东师范大学硕士学位论文，2010 年；冯博雅：《日常性专业化志愿服务的动员与参与——以 H 中学“学校社工站”志愿服务为例》，《广东青年干部学院学报》2010 年第 2 期。

② 参见孙立平、晋军等著：《动员与参与：第三部门募捐机制个案研究》，浙江人民出版社 1999 年版，第 87 页。

③ 参见王占军：《高校公益性学生社团的组织资源动员——关于北京师范大学“农民之子”的案例研究》，《复旦教育论坛》2008 年第 1 期。

策略。这些动员策略依循了特定的资源动员知识，区别于政府、企业等主体的资源动员策略，并呈现出多元组合的特点。①

蒋逸民、章恺等人对上海某区青年志愿者的调查发现，政府的组织化动员是其目前最主要的动员方式，志愿者们倾向于通过互联网和手机短信等新兴的信息传播方式来获得志愿服务信息。②这说明当地的志愿者活动一方面仍具有浓厚的行政色彩，另一方面则受到新兴媒体的深刻影响，志愿者组织亟待实现动员方式的网络化转向。蒋柳萍指出，世博会志愿者的组织过程体现了上海市政府社会动员的新特点：动员形式的多样化、动员对象的广泛性、动员程序的规范化和动员经验的制度化；作为一种公民参与公共管理的形式，志愿者事业的发展对我国市民社会的形成、服务型政府的建设大有裨益。③

以上研究成果既显示了志愿者组织在获取、整合与运作相关资源时的多样空间，也反映了社会动员议题在本土志愿者组织研究中的潜力。④

（四）志愿者组织社会动员中的问题

志愿者组织研究领域中针对动员中存在问题的专门研究不多，但许多经验研究的作者对此都有所涉及，而且已经在若干方面达成了共识，反映的问题比较集中。韩晶从大学生志愿者组织、志

① 参见王玉生、盛志宏等：《网络公益组织资源动员策略探析——以广西公益联盟的成员组织为例》，《学术论坛》2014年第8期。

② 参见蒋逸民、章恺等：《青年志愿者社会动员方式的调查》，《当代青年研究》2009年第12期。

③ 蒋柳萍：《从世博会志愿者组织看社会动员——兼论公共管理中的公民参与》，《前沿》2010年第21期。

④ 事实上，志愿者组织的激励、宣传等活动早已在本土学者的关注之中，但鲜见基于社会动员视角的整合性研究。

愿者自身、学校、社会四个角度总结了动员机制存在的问题，如志愿者自身存在责任心和能力不足、高校设置的奖励制度对学生参与社会服务的鼓励力度不够、社会往往低估志愿者活动的社会意义、企业界对于志愿者创造的社会效益缺少认同等。[①] 叶昊宇基于成都市志愿服务的社会动员机制现状指出以下问题：一是志愿服务还没有成为全社会的自觉行动，公众参与面不够广泛。二是志愿服务的基础性建设和机制建设仍然滞后，公众参与渠道不够畅通，志愿服务与社会需求还未能实现完全有效的对接。三是经费方面政府的投入和社会的资助还远远不够。四是志愿服务组织体系不够完整。五是志愿服务组织能力相对较低。[②] 宋海明针对济南市"泉城义工"组织指出，志愿服务中的动员问题主要体现在：动员异化为行政命令和强制；动员主体多元化不足，动员客体范围狭窄；动员方式单一，策略简单导致负效应和低成效；动员环境不良，志愿服务法制化程度低等。[③]

另外，董文琪以"屈原乡村图书馆"为个案，从该组织的筹建和运作入手来分析其实践困境。她指出，当前乡村文化建设中的志愿服务多依靠村庄外部的精英以"输血"方式提供，其间缺乏长效的资源动员机制和村民参与激励机制，因此很容易出现志愿失灵的现象。[④] 这也为本书从个案和典型角度总结志愿动员的问题提供了借鉴。总体上看，这些问题也可被视为学界从社会动员视角出发对志愿服务整体发展现存问题的一种概括和总结。

---

① 参见韩晶：《当代大学生参与志愿服务的障碍研究》，《青年研究》2003 年第 1 期。

② 参见叶昊宇：《我国志愿服务社会动员机制研究》，电子科技大学硕士学位论文，2009 年。

③ 参见宋海明：《转型期志愿服务动员机制研究》，山东大学硕士学位论文，2009 年。

④ 参见董文琪：《乡村文化建设中的精英动员与志愿失灵——以"屈原乡村图书馆"为例》，《中国非营利评论》2011 年第 1 期。

（五）目前研究的不足

上述成果从不同侧面对志愿者组织的社会动员现状进行了分析，代表着我国志愿组织研究水平的深入，为推动志愿者组织健康发展提供了有资可鉴的资料和富有启发的参考。但从现有研究资料看，还不能涵盖日益发展、类型多样的志愿组织类型，研究的数量、分析深度和综合性仍十分有限，与目前的志愿服务事业研究热潮形成鲜明反差，特别是理论界尚无学者在志愿者组织的社会动员领域作出更为深入而全面的分析。

第一，从研究内容和对象上看，志愿者组织社会动员的意义、目标和体系构建受到关注，但对动员具体操作的描述还不充分，对其背后的策略和机制探究较少，特别是缺少不同类型志愿者组织动员差异的横向比较；主要选择组织化程度较高的青年志愿者组织作为个案或样本，对社区志愿者、草根志愿者、企业志愿者等其他类型涉及较少，缺乏代表性强、调查扎实的实证数据支持，尤其对动员方式、动员机制和策略、动员影响因素以及动员现存问题等议题的分析缺少整体关切。

第二，从理论建构上看，一方面对社会动员等核心概念鲜有深刻剖析，没有确立志愿服务研究领域对志愿者组织社会动员的统一、明确的态度，对既往观点的整合及吸收不够，有自说自话之嫌；另一方面也未能以社会动员为核心，将对志愿者组织的激励、宣传、培训等活动的经典分析构建成新的理论体系。

第三，从对社会学经典议题的回应上看，虽已大致形成了一些基本共识，但对国家—社会、公民社会发育等议题的回应还不明确、不充分，缺少能切实透过志愿者组织反映转型期中国社会特征的研究。这些都需要更多的研究者加以回应和改进。

第三节　理论视角

一、国家—社会的基础性框架

作为西方思想的重要传统，国家—社会的分析框架可以追溯到柏拉图和西塞罗等经典学者，并逐渐从主张国家与社会二分的方法论范式发展出对国家与社会的相互关系、影响及其变化规律的一系列讨论。围绕两者孰主孰次、孰重孰轻的问题，学界产生了重大的理论分野：一派主张以国家为中心，强调国家的作用与价值；另一派强调以社会为中心，突出个人与社会的能力和意义。大致地，马基雅维利、布丹、霍布斯、黑格尔遵循了前者，而洛克、亚当・斯密、潘恩、孟德斯鸠和托克维尔则继承了后者。[①]

社会学视域下的国家—社会视角一般用于考察和分析社会变迁和社会结构等宏大命题。它预设了“国家”和“社会”两个相互对立且内部统一的概念范畴，试图通过描摹、分析和归纳两者的力量对比和互动机制（如“强国家弱社会”“小政府大社会”等）来反映现代性在社会现实中的状态。[②] 国家—社会视角还分化出公民社会理论和法团主义两个主要理论倾向：前者强调独立于国家之外的社会空间及其对国家权力的制衡和约束，后者强调国家对于市民

① 参见许昀：《从“国家与社会”视角看社会团体的内部治理问题》，《社团管理研究》2009 年第 5 期。

② 参见肖瑛：《从“国家与社会”到“制度与生活”：中国社会变迁研究的视角转换》，《中国社会科学》2014 年第 9 期。

社会的参与、控制以及国家与社会之间制度化的联系渠道。[①]

就本书的“社会动员”“转型期”和“志愿组织/社会组织”三个核心命题而言，国家—社会视角都具有很好的解释力：社会动员研究中，政党、政府和社会组织动员对主体身份的不同分配（即表1-2四种不同的理解方式）是国家—社会力量此消彼长的集中反映；转型期的过渡性质和长久的时间历程均可以在国家—社会二元框架中得到体现，即一个混沌且单一的总体性社会快速且持续地分化的过程。国家—社会视角还是中国社会组织研究中的常用工具[②]，其共识主要有三：一是当代中国社会组织的成长是改革开放后国家—社会关系变迁的产物；二是当前社会组织的发展特点可以从国家—社会关系背景中寻找结构性原因；三是社会组织的健康发展可以成为推动中国国家—社会良性互动的积极因素。[③]

因此，我们可以在如下方面认识国家—社会视角对本书的指导意义：第一，作为社会组织的代表，志愿者组织的兴起是近40多年来中国社会结构剧烈变迁、总体性社会逐渐多元化和功能性分化的结果，而且基本上被公认为“社会”一端的表征。因此在分析时需要坚持志愿者组织在研究中的主体地位，体现出国家—社会的对应和差异。第二，国家—社会关系既是孕育志愿服务事业的条件，也是型塑志愿者组织社会行动的环境，因此考察志愿者组织社会动员的现状时应注意到其发展的历史背景、发展进程和时代条件，其中的核心是它们与政

---

① 参见刘安：《市民社会？法团主义？——海外中国学关于改革后中国国家与社会关系研究述评》，《文史哲》2009年第5期。

② 国家—社会当然不是社会组织或公益组织研究的唯一视角。过程—事件、制度—生活等社会科学中其他基础性视角都可用于相关实证研究。

③ 参见许昀：《从“国家与社会”视角看社会团体的内部治理问题》，《社团管理研究》2009年第5期。

治力量的互动关系。第三,国家—社会的视角高度关注社会宏观结构,对此应在研究中给予判断和回应。①

二、资源动员理论

资源动员理论发轫于社会运动研究,此处的社会运动早期常被定义为"以期给社会带来变化的人们所支持的一种志愿性集体行为",包括以任何形式对运动思想的支持行为,如环境保护、贫民区改善、人权运动、女权主义等。因此广义上讲,公益组织的活动可被视为一种共意性的、改良型的社会运动行为。② 由此资源动员理论在国内学界也常被用于考察网络公益和社区公共资源获得等议题。③

作为对 20 世纪 60 年代西方社会运动浪潮的反思,资源动员理论颠覆了传统社会运动理论的非理性假设,将社会运动视为有组织的、理性的、具有实际影响的行动,其基本概念是组织、动员、资源、交换、策略、利益等,强调资源总量的大小及其组织化程度对运动成败的决定意义。

---

① 例如,赵文词将美国学者对当代中国"国家—社会"关系的研究划分为前后相继的五代,并分别提出了"现代国家取代传统社会""国家与社会间的妥协""国家与社会的相互渗透""公民社会改造国家"以及"承认社会进程的多元和独特性"等阶段性的理论观点。参见赵文词:《五代美国社会学者对中国国家与社会关系的研究》(涂肇庆、林益民主编:《改革开放与中国社会》,香港牛津大学出版社 1999 年版;转引自余冰:《街坊变迁:城市社区组织的国家性与社会性》第一章第四节,人民出版社 2012 年版)

② 参见龙永红:《官办慈善组织的资源动员:体制依赖及其转型》,《学习与实践》2011 年第 10 期。

③ 参见王玉生、盛志宏等:《网络公益组织资源动员策略探析——以广西公益联盟的成员组织为例》;《学术论坛》2014 年第 8 期;章友德、周松青:《资源动员与网络中的民间救助》,《社会》2007 年第 3 期;王国伟:《资源动员:城市社区公共服务资源获得机制研究》,《学术探索》2010 年第 2 期。

在考察社会组织的行动时，该理论的逻辑是：社会组织将实现集体目标所采取方法的系统认知和经验（即动员知识）运用到组织运行发展中，转化成具体的动员技术和策略。在这个“知识—技术”的展开过程中，所涉资源既包括有形的资金、场所、设施、成员，也包括无形的意识形态、领袖气质、组织技巧、合法性支持等①，并形成了资源动员、成员动员和框架动员三个研究维度；丰富的动员对象和动员方式造就了社会组织千差万别的动员策略，同时，文化习俗、价值观念、意识形态、话语表达等多种因素均会影响资源动员知识库的构建，进而影响动员效果和水平。②

资源动员理论对本书的意义在于：一是在突出志愿者组织社会动员主体身份时，强调挖掘其中的理性化内涵，即要考察其动员行动中的立场、谋划、手段和态度及其内在机制。这既表现在志愿组织与政府、公众、社会组织的互动中，也表现在其与组织成员的互动中。二是强调动员实践的多样化和差异性，并直接提供了许多具体的技术范式，特别是强调了对情感、符号、合法性等要素的关注。

三、社会资本理论

“社会资本”这一概念最早见于布迪厄（Pierre Bourdieu）的实践社会学理论，指“社会网络成员或群体拥有的实际和潜在的资源的总和，这些资源是由一个特定群体成员所共同拥有的，为群体的

---

① 资源动员理论以“资源”为分析核心，因而主张将这些非物质资源视为动员的对象；但本书的立意更多地侧重社会动员，因此主张将其视为动员的方式或机制。

② 参见乔世东：《社会资源动员研究》，《上海交通大学学报（哲学社会科学版）》2009 年第 5 期；石大建、李向平：《资源动员理论及其研究维度》，《广西师范大学学报（哲学社会科学版）》2009 年第 6 期。

每一个成员提供共有资源的支持”[①]，并能够与经济资本、文化资本等其他资本形式相转化。科尔曼(James Coleman)对社会资本作为人力资本发展条件的阐述深化了这一概念。边燕杰将经验研究中的社会资本概括为个人通过社会联系摄取稀缺资源以获益的能力，认为该能力既可因成为社会团体的正式成员而获得，也可因非正式的人际互动获得。[②]

社会资本及其所依附的社会联系或社会网络对政治、经济、社会发展及各类组织的成长十分重要。因为人与人之间频繁、交叉的关系网络奠定了信任、合作和集体行动的基石，拥有良好的社会资本的人能在必要时获得所需的各种资源。[③] 帕特南(Robert D. Putnam)认为，意大利南北方不同的社会资本积累水平导致了当地政府制度绩效的差异；[④]H. Yli-Renko 和边燕杰的研究从不同角度指出，企业社会资本有效提升了企业的经营能力和经济效益。[⑤]

社会资本理论认为，志愿者组织实际上是嵌入在多个领域结成的社会网络上的节点，与其他组织建立的这种联系可以直接促

---

① 李六：《社会资本理论和中国的社会资本》，《世界经济情况》2010 年第 4 期。

② 参见边燕杰、丘海雄：《企业的社会资本及其功效》，《中国社会科学》2000 年第 2 期。

③ 参见张方华：《社会资本理论研究综述》，《江苏科技大学学报(社会科学版)》2005 年第 4 期。

④ 参见[美]罗伯特·帕特南：《使民主运转起来》，王列、赖海荣译，江西人民出版社 2001 年版；黄晓东：《社会资本视域下的政府治理问题研究》，吉林大学博士学位论文，2009 年。

⑤ 参见边燕杰、丘海雄：《企业的社会资本及其功效》，《中国社会科学》2000 年第 2 期；YLI－RENLO H. AUTIO E，TONTTI V，*social capital, knowledge, and the international growth of technology－based new firms*，International business review，2003(11)：pp. 279-304。

进志愿组织对外社会动员的范围和总量;同时,志愿者个人间的社会资本网络有助于提高组织对内社会动员的效率和水平,并在微观上补充了组织的外部动员。这不但直接提供了一个构建和解释动员机制及影响因素的思路,而且启发本书在具体考察时应注意组织/个人的动员和对外/内动员[①]两个维度,譬如,制度、组织体系、文化氛围等要素是如何通过推动组织间和个人间社会资本网络的构建而影响了该组织社会动员的效果的,等等。

第四节　分析框架

一、主要概念界定

(一)社会转型期

目前,中国正处于社会转型的特殊时期。按照社会学学者的论述,"社会转型"主要有三方面的含义:一是指体制转型,即从高度集中的计划经济体制向市场经济体制的转变。二是指社会结构变动:"社会转型的主体是社会结构,它是指一种整体的和全面的结构状态过渡,而不仅仅是某些单项发展指标的实现。社会转型的具体内容是结构转换、机制转轨、利益调整和观念转变。"[②]社会的经济成分、组织形式、利益关系日趋多元化,人们的就业方式、生活方式日趋多样化,社会阶层结构、社会人口结构、社会组织结构以及社会需求结构日益多样化、复杂化。三是指社会形态变迁,即

① 资源动员理论也关注到了社会组织动员对内对外两个动员方向。

② 李培林:《另一只看不见的手:社会结构转型》,《中国社会科学》1992年第5期。

指中国社会从传统社会向现代社会、从农业社会向工业社会、从封闭型社会向开放型社会的变革和发展。我们认为，无论站在什么角度，社会转型期都是指社会急剧变化的过程，反映了从尚不完善的社会阶段向更高级、更先进的社会阶段迈进的过程。本书更主张从社会结构角度理解社会转型。

三十多年来，中国志愿服务事业从无到有、从初创到快速发展绝不是偶然的，而是与中国社会处于转型期的特定需求密切相关。改革开放以后，中国社会逐渐由单一化社会转向多元化社会，这为志愿服务的蓬勃开展和志愿者组织的建立奠定了现实基础。目前中国社会多种类型志愿者组织建立与建设、志愿者队伍扩大、志愿服务活动开展、志愿者组织动员过程中存在的问题及其解决思路均可以立足转型期这一角度寻求合理解释。

（二）志愿者组织

在现代社会，志愿服务已成为公众参与社会生活的重要形式之一，也是社会福利服务中越来越重要的一股力量。在内涵上，中国青年志愿者协会对志愿服务的界定是："任何人志愿贡献个人的时间及精力，在不为任何物质报酬的情况下，为改善社会服务，促进社会进步而提供的服务。"根据这个提法，本书把志愿服务界定为：自愿贡献个人的时间和精力，在不为物质报酬的前提下，为推动人类发展、社会进步和社会福利事业而提供的服务。它有别于由国家从孝道主义原则出发规定和提供的法定服务，也不同于由市场主体按等价交换和"购买力"法则提供的私人服务以及由亲属、邻里按特殊性原则及需要原则提供的非正式照顾服务。[1]

---

① 参见李博：《志愿服务体系建设问题》，《山东师范大学学报（人文社会科学版）》2011 年第 3 期。

志愿服务事业不排斥以个人方式参与，但其作用毕竟有限，尤其在现代社会，无论在参与广度、深度还是力度上，个人方式的参与均不如以社会组织的形式参与所发挥的作用明显，因此目前志愿者组织已成为各国志愿服务事业发展的中坚力量。国内外学术界有关志愿者组织有不同的称谓，如“志愿者协会”“志愿者组织”“志愿服务组织”“义工联合会”“志愿部门”“非营利组织”等等。志愿性、非营利分配性、公共利益性、正规性及自治性、一定的独立性被认为是志愿者组织的基本特征。[①] 就其外延来看，国内外学术界看法不一。在国外，志愿者组织常被归为第三部门、非营利组织或非政府组织的研究行列。如 Csnnas 认为志愿者组织是由纯粹的志愿者组成的第三部门组织，所谓“纯粹的志愿者”必须严格限定在四个维度之中，即自愿提供服务、没有任何报酬、在正式的组织中工作、与受益者无任何亲属关系。[②] 在中国，有学者主张把志愿者组织等同于非营利组织，如清华大学教授王名认为，“志愿者组织和非营利组织在内涵和外延上是基本一致的，这一概念更强调非营利组织的志愿性特征。”[③]有学者则把志愿者组织列为非营利组织中的重要类型之一，比如徐中振指出：“志愿服务组织必须是体现志愿服务精神，具有为公共服务的使命的非营利组织。”[④] 有的学者强调志愿者组织的过程与形式，如于海认为：“志愿组织既指组织志愿者和志愿活动的动态过程，又指志愿者借以开展工

---

① 参见北京市志愿者协会：《志愿组织建设与管理》，中国国际广播出版社 2006 年版，第 6 页。

② 参见罗公利、肖强等著：《青年志愿服务长效机制建设研究》，经济科学出版社 2012 年版，第 15 页。

③ 王名编著：《非营利组织管理概论》，中国人民大学出版社 2002 年版，第 6 页。

④ 徐中振主编：《志愿服务与社区发展》，三联书店 1998 年版，第 16 页。

作的组织形式；就组织形式而言，又可分为非正式的志愿者团队与非正式的志愿机构。”[①]学术界还有一种比较宽泛的界定，认为任何推广或倡导志愿精神与行为的群体、团体、组织、机构都可以称之为志愿者组织，包括那些开展志愿服务项目的政府机构、企业公司、非营利组织中的专门团队和由志愿者参与构成的志愿者协会、义工小组等。[②] 从中国志愿者组织近几十年来的实践经验看，文明办、民政系统、共青团系统、慈善总会系统、妇联、工会、残联、综治办、司法局等政府部门及准政府部门依托既有的管理体制，建立起多级志愿服务组织网络，各级学校和基层社区纷纷成立志愿者组织，一些有条件的事业单位、国有大中型企业甚至小企业在单位内部也成立了自己的志愿者组织或团队。此外，大量民间社团和草根组织开始引入志愿服务理念，开展各种类型的志愿服务活动。中国社会已打破传统单一职能部门的限制，迎来了志愿者组织多元发展的新时代。[③]

为了更全面深入地研究志愿服务，结合中国志愿服务实践，即国家机关、人民团体、社区、企业、事业单位、民间社团等组织所开展的志愿服务规模日益壮大、普遍发挥作用的现实，本书更倾向于将志愿者组织的界定予以宽泛化，将上述主体全部纳入志愿者组织的范畴中，据此把志愿者组织定义为从事志愿服务的公益性社会组织，是志愿服务活动的组织者和承担者，不仅包括非政府非营利性的民间公益性组织，而且还包括在政府机构、企事业单位、人民团体以及高校、社区等系统内建立的公益性志愿者组织。

---

① 于海：《志愿运动：志愿行为和志愿组织》，《学术月刊》1998 年第 11 期。

② 参见北京市志愿者协会：《北京志愿模式研究》，北京人民出版社 2009 年版，第 6 页。

③ 参见李芹：《转型期中国志愿服务的基本特点》，《社会工作》2014 年第 4 期。

在研究定位上，由于志愿者组织经过几十年发展已经进入了多元阶段，本书将力图避免忽视志愿者组织的不同类型而把其作为一致的整体展开研究的误区，争取全面总结不同类型志愿者组织开展动员工作的独特性以及特殊困境，把握其复杂的影响机制，提出针对性的对策建议。

（三）志愿者组织的社会动员

志愿服务是公民自觉自愿的利他行为，但志愿服务并不排斥组织动员，相反，政府尤其是志愿者组织等主体的引导、动员、激励以及科学的管理是志愿服务事业有效发展的重要条件。如前文所述，动员既是一种具体的工作方法，又与特定的社会事实紧密相关，从而演化出“社会动员”的概念。而社会动员又可体现出如表1-2所示的多种理解：既可描述宏观上的状态，又涉及中观和微观上的行动；既可体现客观的、无意识的变化，又可充分展现国家（以政党为代表）或社会（以社会组织为代表）的主体意愿，因此需要相对综合、宽泛地加以把握。本书认为，陈叶纪的社会动员定义较好地践行了这一思路，对研究设计有较大启发，即：“社会动员是为达到特定的社会发展目标而进行的一系列活动，包括传播、社区组织、网络与联盟建设、倡议与游说、资源筹集和社会行动，这些活动旨在促进决策层、操作管理层、受益群众广泛参与而改善自身相应的知识、态度、技能和行为，进而改善社会运行机制，实现预定目标。”①

由此，本书结合表2中第三、四种理解方式以及上文对中国社会转型期的理解，对志愿者组织的社会动员提出如下认识：作为一

---

① 陈叶纪：《社会动员的要素、运作方式与特点》，《中国农村卫生事业管理》2000年第3期。

种独立的、多元的、由下自上的社会力量，志愿者组织的社会动员具有显著的主体性和理性倾向，是其组织身份在资源获取时的具体体现；另一方面，它又受到政治活动、制度机制和历史进程的制衡和支配，特别是被混沌的、单一的、自上而下的行政传统所影响；同时不断创造和传承志愿精神，长远地影响社会文化和风气。具体看来，志愿者组织的社会动员是指志愿者组织为了提高资源卷入志愿活动的程度和效率，促进该组织及志愿服务事业发展，面向一切非行政资源（包括人、财、物）所施以的宣传、引导、激励、组织等组织行为。就其动机而言，它既受志愿者组织的组织目标的直接指引，也包括在政治性全民动员的框架内（如“创建卫生城市”“泉水节”等大型活动）被分派的要求和任务；就其行动方向看，既涵盖面向组织外部的动员，也涵盖面向组织内部成员的动员，其中前者又包括面向其他组织的动员和面向公众个体的动员。

二、研究的总体思路

基于以上定义和对既有研究的评述，本书所遵循的基本研究思路是：在转型中国的大背景下，以志愿者组织为“透镜”，通过描述和分析这些组织自主半自主地吸引、激发、获取和整合各类资源的思路、方法、手段与策略，以体现“社会”改革从前的总体性社会中逐渐剥离出来（抑或仍然受到国家的强烈影响）的现实，并试图以社会动员为主题整合性地概括中国志愿服务事业的部分特征。

在具体内容及研究路径上，本书将主要秉承“双管齐下，突出重点，知行合一”的思路：一方面，结合理论著述与既有认识，努力厘清志愿者社会动员的主体、客体、方式与影响因素，在理论框架上为志愿者社会动员的研究提供分析指导；另一方面，深入山东省若干地市展开实地调研，通过让一线志愿者组织及其志愿者发声，总结当前志愿者组织社会动员的特征、影响因素和制约条件，分析其功能和存在问题，对如何加强志愿者组织社会动员这一现实命题提出富有理论依据和政策参考的具体建议，最终达到“全面描述动员现状、挖掘内外影响因素、认识主要功能价值、探讨基本工作特点、分析诸多核心问题”的实际目标。本书主要以志愿者组织社会动员的主体及其他要件（第一章）、动员方式（第二章）、影响因素（第三章）、动员功能（第四章）、动员特点（第五章）为考察对象，在此基础上分析现存问题（第六章），提出对策建议（第七章）。我们试图通过扎实的实证调查获取较为全面、代表性强的经验资料及数据，特别注重倾听一线志愿者组织及其志愿者们的声音，围绕社会动员这一概念将转型期中国志愿者组织社会动员的现实表现、内部差异和未来发展三大主题概括成完整的志愿组织理论体系。

在概念层面上，作为一种行动或进程，志愿者组织社会动员的要件可分为支撑要素和描述要素两类：前者是社会动员行动产生的必要条件，包括动员主体（动员行动的发出者）、动员客体（动员行动的接受者）、动员的方式与手段（连接主客体构成动员行动的中介途径）等；后者则用于描述社会行动的具体属性和内部构成，如动员的动机、方向、效果等。在这些要件构成的系统中，作为动员主体的志愿者组织为动员动机所引发，在动员方向上通过动员方式与手段对动员客体施以的组织行动被称为志愿者组织的社会动员。

图 1 说明了本书的分析框架及各章安排：

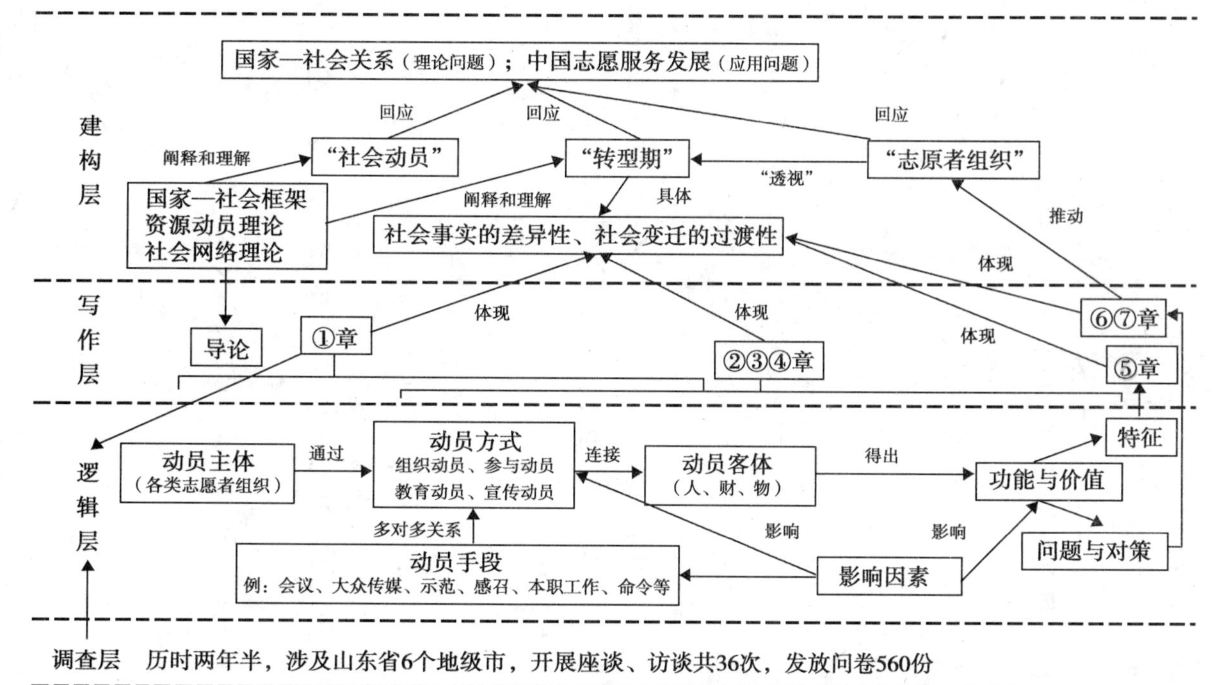

图1 本书分析框架示意图及各章安排

三、研究方法与资料收集

本书所采用的方法主要是文献法、访谈法与座谈法，辅之以问卷法，下面作具体介绍。

（一）文献研究

围绕研究主题，我们通过图书馆、互联网等途径，系统梳理了与志愿者组织社会动员研究相关的书籍与学术文章、政府相关部门的有关统计数据、会议报告以及国内外志愿者组织研究的资料，比较系统地掌握了该领域的研究现状，为本书确定了整体框架和理论基础，并梳理了既有研究中的问题和有待深入的领域，明确了探索方向。另外，还收集了部分志愿者组织在组织动员、组织运行、队伍管理与日常活动方面的总结和记录，为了解志愿者组织社会动员基本状况、编制访谈提纲、设计问卷、建立分析框架等提供了基础性信息。

（二）实地研究

中国大陆有组织的志愿服务活动始于20世纪80年代，近几十年来志愿者组织得到了快速发展。在政府推动和社会各界的积极行动下，多种志愿者组织纷纷得以建立并开展活动。考虑到本书的研究单位为志愿者组织，我们根据其组织的主体性质把调查样本确立为六大类型，即政府志愿者组织、事业单位志愿者组织、企业志愿者组织、社区志愿者组织、民间志愿者组织以及高校志愿者组织。在某种程度上，中国志愿者组织的兴起是对20世纪90年代以来全球蓬勃发展的社团革命的一种回应，在志愿服务事业发展进程中，不同类型志愿者组织必定会遇到动员问题，不同性质、不同服务领域、不同类型的志愿组织在社会动员的力度、广度、资源获取、动员方式以及动员路径等方面具有明显的差异，但也存在着共同的地方，本书的目的之一在于找到这些差异点与共同点，以便更深入地把握志愿者组织社会动员的运行机制。

调查区域为山东省的5个城市，即济南、青岛、济宁（包括邹城）、泰安、烟台。之所以选择这些城市，主要基于以下考虑：一是来自山东省文明办、山东省慈善总会等部门的推荐。目前，山东省各地活跃着多种类型的志愿者组织，不同类型的组织从属于不同的管理主体，有文明办系统，也有共青团系统；有民政系统，也有慈善总会系统。考虑到共青团（主要推动青年志愿服务活动）和民政系统（主要推动社区志愿服务活动）所涉及的志愿者组织范围的特定条件，我们与省文明办和省慈善总会等部门进行多次沟通，他们根据山东17个地市志愿服务工作的实际情况，推荐了上述城市，理由在于这些城市志愿服务活动做得比较好，在全省起到典范作用，同时问题表露得也比较充分。二是充分考虑了山东省地理区划和经济发展的地区差异。这5个城市横跨山东省东西不同区域，既有作为政治文化中心的省会城市，也有经济比较发达、开放程度较高的沿海城市，还有经济社会发展处于中等水平的二三线城市。这些城市的志愿服务活动和志愿组织发展水平在一定程度上可以反映山东省的基本情况和未来前景。三是实施调查比较方便，尤其是当地部门与志愿者组织的积极配合利于开展调研。

为形成更为全面、深入的研究成果，在资料收集过程中，我们主要使用了访谈、小组座谈与问卷调查等互为补充的手段，以保证调查的深度与广度。

（一）访谈与座谈

从2013年12月至2015年6月我们多次分赴样本城市，通过结构式与非结构式访谈相结合的方法收集材料。所用访谈与座谈提纲（见附件一）在参考相关文献基础上编制而成，并预先进行了试调查。访谈对象包括三个层面：一是不同类型志愿者组织的负责人，主要了解所在组织的动员状况、需求、问题及其影响因素。二是志愿者组织的典型或骨干代表，让他们从自身角度和行为体验对志愿者动员情况作出判断。三是普通志愿者，了解他们有关对志愿者组织动员的认知、判断以及评价。另外，我们还与样本城市政府主管部门工作人员进行了多次座谈。

访谈内容包括两个层面：一是该组织基本信息，包括组织成立时间、登记注册情况、组织成员数量、部门分工、组织性质、组织开展志愿活动的情况。二是志愿者组织动员基本情况，包括组织动员现状、动员内容、动员方式、动员效果、政府与组织精英在动员中的作用、影响动员的因素、动员过程中存在的问题及建议等。①

在两年半的时间内，访谈和座谈的志愿者组织超过 60 个，有的是与某个志愿者组织人员单独访谈，有的则与几个组织相关人员一起座谈。访谈与座谈内容全部录音，总长度超过 3000 分钟，形成座谈与访谈资料 36 份并全部编码，本书中使用访谈或座谈记录一律按照编码标注（见表 3）。各志愿者组织在社会动员领域的基本情况和实际做法，为本书提供了丰富的有价值的第一手材料。

表 3　被调查的志愿者组织

序号	资料编码	时间	组织名称代码	组织类型
1	131208H_f	2013 年 12 月 8 日	JNCSZH	政府
2	131209H_d	2013 年 12 月 9 日	JNJJL	企业
3	131209H_e	2013 年 12 月 9 日	JNLXJY	事业单位
4	131210H_d1	2013 年 12 月 10 日	JNGL	企业
5	131210H_d2	2013 年 12 月 10 日	JNQCBZ	企业
6	131214H_f	2013 年 12 月 14 日	ZCCSZH	政府

① 本研究课题调查分两个阶段开展：第一阶段是 2013～2014 年，通过慈善总会系统调查包括志愿者动员在内的慈善义工队伍建设情况；第二阶段是 2015 年，重点调查志愿者组织社会动员层面。

续表

序号	编码	时间	组织名称代码	组织类型
7	131214H_a	2013 年 12 月 14 日	ZCWLAX	社会组织
8	131215H_a1	2013 年 12 月 15 日	ZCYGGY1	社会组织
9	131215H_a2	2013 年 12 月 15 日	ZCTGGY2	社会组织
10	131217A_f	2013 年 12 月 17 日	SDCSZH	政府
11	131221A_e	2013 年 12 月 21 日	JNQCYG	事业单位
12	131227A_b	2013 年 12 月 27 日	SDDXAXS	高校
13	140102F_f1	2014 年 1 月 2 日	YTCSZH	政府
14	140102F_f2	2014 年 1 月 2 日	YTCSYGT	政府
15	140103F_c	2014 年 1 月 3 日	YTHXJY	社区
16	140104B_a	2014 年 1 月 4 日	QDCRAXS	社会组织
17	140106B_f	2014 年 1 月 6 日	QDCSZH	政府
18	140106B_c	2014 年 1 月 6 日	QGTSWQ	社区
19	140107B_d	2014 年 1 月 7 日	QDDHLS	企业
20	140108A_d	2014 年 1 月 8 日	JNKYT	企业
21	140110A_d	2014 年 1 月 10 日	SDYDKF	企业
22	150520A_e	2015 年 5 月 20 日	JNQCYG	事业单位
23	150527J_a1	2015 年 5 月 27 日	TAHYXHXL	社会组织
24	150527J_a2	2015 年 5 月 27 日	TAGYMYXHM	社会组织
25	150611A_c	2015 年 6 月 11 日	JNBGSQ	社区
26	150613A_b	2015 年 6 月 13 日	JNDXXSST	高校
27	150617A_c	2015 年 6 月 17 日	JNDLYJ	社区
28	150619A_c	2015 年 6 月 19 日	JNYYSQ	社区

续表

序号	编码	时间	组织名称代码	组织类型
29	150625A_c	2015 年 6 月 25 日	JNYYSQ	社区
30	150606A_e	2015 年 6 月 6 日	SDSLYY	事业单位
31	150608A_b	2015 年 6 月 8 日	SDDXXSST	高校
32	150706B_d	2015 年 7 月 6 日	QDGJJT	企业
33	150706B_f	2015 年 7 月 6 日	QDLGBXH	政府
34	150706B_a	2015 年 7 月 6 日	QDCRAXS	社会组织
35	150707B_f	2015 年 7 月 7 日	QDHSZH	政府
36	150707B_d	2015 年 7 月 7 日	QDJYJT	企业

(二)问卷

为更细致地了解志愿者对有关志愿者组织社会动员的认知与现状,我们编制了“志愿者组织社会动员调查问卷”(见附件二),对志愿者开展问卷调查。问卷内容划分为三方面:第一,调查对象基本情况信息,包括年龄、职业、志愿服务时间、所在组织等;第二,志愿组织动员基本情况,包括动员主客体、动员方式与手段、动员功能与价值、影响动员的因素等;第三,动员过程中存在的主要问题与建议。问卷发放对象是从上述六种类型的志愿者组织中根据志愿服务活动开展情况以及联系方便的原则选择出来的,每个组织再按照志愿者参与活动频率与参与行动情况由负责人选择 10～20 位志愿者发放问卷。第一次调查发放问卷 400 份,回收 370 份,回收率为 92.5%;第二次调查发放问卷 160 份,回收 158 份,回收率为 98.75%。问卷数据全部使用 SPSS17 统计软件统计。

我们所调查的志愿者组织参见表 3。

第五节　研究发现、存在问题与对策建议

一、研究发现

1. 作为动员主体，不同类型志愿者组织在基本界定、发展历史、人员构成、组织结构、服务内容及形式等多个方面均有所差异，而且动员行动各具特色。随着转型期中国社会事业的蓬勃发展，社会组织作为志愿动员的主体身份得到认可，大量志愿者组织或队伍以社会组织的身份成立并投入到志愿者动员行动中，来自民间、高校、社区、企业、事业单位、政府部门等不同类型的志愿者组织都是志愿者动员的中坚力量。本书重点考察了六种类型志愿者组织在动员行动中的基本状况，发现民间草根志愿者组织强调动员的生活化、情感化、策略化，重视动员策略和现代动员技术。高校志愿者组织的志愿动员受学校共青团组织和学生工作部门的主导和管理，强调志愿服务的教育和宣传意义，与学生成长发展紧密结合并且制度化、水平高。社区志愿者组织特别依赖基层党组织和城市基层的社会治理网络开展动员，资金和物力资源较为充足，其主要执行者是居委会工作人员和社区居民中的精英与骨干，动员的政治意义比较浓。企事业单位志愿者组织的动员突出其专业特点，常以日常工作体系为基础建立动员体系并与工作动员相捆绑，并且大量应用物质和经济激励手段，动员效率比较高，单位的行政、宣传、人力和单位领导对动员有很大影响。政府单位志愿者组织则擅长构建结构完善、覆盖面广的动员体系，主导力量多样化。

2. 作为志愿者组织动员的客体有其共同特点。人力资源是

志愿者组织最主要的动员对象。动员人力资源、吸引更多的公众加入志愿服务事业,可以壮大志愿队伍力量,提升志愿服务的效果和水平,扩大志愿服务事业的影响,推动其长远发展。在人力资源中,公司职员、在校学生、工人及离退休人员是志愿者组织的重点动员对象。他们的共同特点是:具有较强的组织性,易于被发动和指挥;或者具有较强的参与志愿服务的意愿,能够高质高效地开展服务活动。

3. 志愿者组织的动员方式和手段多样化、多元化。志愿者组织的动员方式包括宣传动员、组织动员、行动动员和教育动员四大类,它们各有其表现特点、作用机制及独到功能,在动员活动中常结合使用,志愿者组织常根据服务任务的要求以及服务活动安排,有针对性地将传统动员方式与现代动员方式结合起来。目前,志愿组织开展动员的主要技术手段包括大众传媒、文化符号、艺术作品、新媒体、活动参与、出版物、命令、激励、感召等。

4. 志愿者组织社会动员受宏观、中观及微观三方面因素的影响。社会需求、政府推动、法律法规倡导以及文化融合在宏观上影响着志愿动员的方向与力度;志愿者组织的活动内容、项目设计、组织动员理念、激励与监督机制、权益保障与物质保障、组织关系网络以及组织亚文化直接影响志愿组织的动员效果;志愿者个人的服务时间、服务动机与社会资本则在微观层面对动员效果产生一定的影响。三类影响因素相互交织、交叉影响,多元化地作用于社会动员的行为与过程中。

5. 志愿者组织的社会动员既有积极影响或正向功能,也有消极影响或负功能。一方面,志愿者组织动员可以有效壮大志愿者数量与队伍,拓展志愿服务的面向群体,以更加精准、及时的志愿活动满足服务对象多样化、个性化需求,在一定程度上促进公民参与以及公益事业的发展;另一方面,过度动员会导致志愿资源的浪费与滥用,降低志愿者的服务热情,同时志愿者组织之间的恶性竞争也会影响动员效果。

6. 转型期中国志愿者组织社会动员的特征具有明显的特殊性和复杂性:一是动员主体多元化,不同组织的动员行动各具特色,但缺乏主体间紧密的合作体系。二是动员客体各有侧重,公司职员、在校学生、工人及离退休人员由于组织性强、参与意愿强烈而成为志愿者组织的重点动员对象;选择动员对象时志愿者组织更偏爱精英群体和具有专业技能的志愿者。三是动员方式稳中有进,宣传动员和活动动员被普遍使用,组织动员和教育动员使用较少。四是动员手段充满现代性,互联网通信工具和网络社交媒体因其形式多样、内容丰富、吸引力强、传播效率高、动员成本低、互动性好等优势获得急速发展和广泛应用,但有时会受制于动员客体的能力及接受条件而无法大规模推广。五是孕育出许多富有针对性的动员策略,如按需动员、项目动员、品牌动员等动员策略的实施极大地提升了动员效率。

二、存在问题与对策建议

志愿者组织的社会动员是志愿服务事业发展的重要环节,是将志愿者与具体的服务活动相连接的桥梁,但在转型期的中国社会,志愿者组织动员工作仍存在一系列问题:从动员主体看,志愿者组织自身的能力建设不足,组织者的动员意识薄弱,主体间缺乏紧密合作体系,缺乏资源的有效整合;志愿者组织在培训、激励和保障等方面规范化、专业化、制度化程度不够。从动员客体看,公众的参与动机存在偏差,对志愿服务精神认同感差;从动员活动看,志愿者组织动员方式较为单一,行政化色彩仍然浓厚,动员手段有待于进一步培育;从动员环境看,志愿者组织的动员还面临法律法规建设宣传、政府支持、社会普遍认同及国际交流等制约因素。上述问题的解决需要政府、社会以及志愿者组织同心协力,不断创新和探索。对此本书提出了以下对策建议:

1. 政府层面：进一步明确志愿者组织社会动员的功能与价值，建章立制、优化措施，把志愿服务纳入国民经济和社会发展规划中去，大力宣传和积极执行《志愿服务条例》；降低志愿者组织准入门槛，加大经费投入力度，设立志愿服务基金或志愿者援助基金；构建统一规范、分类指导的志愿者组织综合协调机制，完善统一的志愿者注册制度，建立志愿者数据库。

2. 组织层面：要特别重视和加强志愿者组织的动员能力建设。通过建立和完善志愿者招募机制、激励机制、培训机制及保障机制等，调动志愿者的参与热情，提升民众参与意愿；通过创新服务内容，拓展服务领域，扩大志愿服务活动的影响力；根据服务对象和志愿者的需求有效选择动员方式与技巧，发掘动员客体资源。

3. 社会层面：需要社会各界共同努力，充分发挥社会媒体尤其是网络媒体的宣传动员优势，广泛宣传优秀志愿者先进事迹，营造良好的文化氛围。同时还要大力开拓社区、单位和学校资源，借鉴国际先进经验，加强志愿组织社会动员领域的学术研究。

4. 个体层面：针对当前民众对志愿服务的认可程度较低的状况，把培育公民的志愿精神和服务理念作为志愿者社会动员的重要内容。

第一章 志愿者组织社会动员的主体及其他要件

作为一种组织行为，志愿者组织社会动员的要件主要包括动员的主体、客体、方式、手段、方向、动机、效果和影响因素等。动员主体通过动员方式和手段与动员客体建立联系，形成动员行动的基本框架，是动员的基本要件和动员系统中的重点；方向、动机和效果用以描述动员行动，以区别同一组织的不同动员行动，是动员的描述性要件；动员系统中的其余要素可视为针对动员效果的影响因素。其中，作为动员主体的不同类型志愿者组织在概念界定、发展历史、人员构成、组织结构、服务内容及形式、动员活动的主要特征等多个方面均有差异，并造成了动员行动在其他要件上的不同。

第一节 动员主体及其行动特征

从动员概念的演变来看，正如本书导论所述，转型前中国社会的动员主体主要是政府部门和各种行政性的群团组织；经过改革开放和社会转型，社会组织的社会动员主体地位逐渐得到认可。

另外，从中国志愿服务的发展历程来看，许多研究都认为组织性是中国志愿服务活动的重要特征[①]，来自不同领域、具有不同规模、分属不同类型的各种志愿者组织是绝大多数志愿服务的策划筹办者和组织执行者。基于此，本书特别关注志愿动员主体的组织性和内部差异性，并将其划分为社区志愿者组织、高校志愿者组织、企业志愿者组织、事业单位志愿者组织、政府志愿者组织和民间草根志愿者组织等六种类型。这主要是从其管理主体和所动员资源的来源划分的，并参考了中国志愿服务发展史及相关研究的习惯分类方法。现分述如下：

一、社区志愿者组织

社区志愿服务是中国志愿服务事业的重要源起。1988 年，天津市和平区新兴街道 13 位居民为服务街居困难人群自发成立了志愿者小组，并得到民政部的肯定和推广[②]，这在中国志愿服务发展史上具有起源性的意义。通过与社区服务、社区建设、基层社会治理等城市基层社会改革发展运动相结合，社区志愿服务逐渐成为我国志愿服务事业的两大主导体系之一，与青年志愿者行动并列。

社区志愿者组织的成员同质性较高，一般绝大部分为社区退休居民（其中党员往往占较大比例），另有部分青少年和辖区单位职工具有以老年人为主体、以社区居委会为依托、公益性和互助性

---

① 参见穆青：《如何理解志愿服务与志愿精神》，《北京青年政治学院学报》2005 年第 3 期；李玉亮主编：《义工管理实务》（第一章），中国社会出版社 2011 年版；陈为雷编著：《社会工作行政》（第四章），中国社会出版社 2010 年版；宋玉芳：《奥运会志愿者管理研究》（第一章），北京体育大学出版社 2008 年版；罗军飞、李好：《灾难与救助：灾难管理中民间志愿者组织研究》（第一章），湘潭大学出版社 2010 年版。

② 参见吴刚：《中国社区志愿服务发展分析》，上海慈善事业发展研究中心、上海市慈善基金会：《志愿服务与义工建设》，上海社会科学院出版社 2007 年版。

相结合的突出特征。其服务领域十分广阔，既提供治安巡逻、纠纷调解、家政保洁、环保与卫生清扫等公益性、普惠性、互助性的服务，也提供居家养老、儿童辅导、困难群众救助等慈善性服务。许多社区志愿者组织还把文娱活动视为一种特殊的志愿服务，组织艺术团、文宣队为本社区居民及周边社区表演文艺节目，丰富群众的文化生活。

从主导力量上看，社区志愿者组织多由社区居委会或社区党支部发起、组织和运作，居委会主任或党支部书记是其实际领导人；[①]同时，民政部门仍然对其具有较强掌控力，基层党组织、文化宣传、社会保障、城市管理、医疗卫生等官方部门对其也有一定影响。因此，此类组织的活动内容经常要与上级部门的各种工作相配合。如济南市多个被访社区表示，在第十一届全运会(2009年)、泉水节、创建卫生城市(2015年)等大型活动或城市建设运动时，均组织过大量面向社区的志愿服务，其动员行为有很强的组织性和行政色彩。如：

> 上面的人找到我们了，我们再顺着他的思路，和我们每个志愿者组织里的负责人商量，告诉他需要多少人，做什么事。常态化运行(基础上)再进行加强，再组织一些集中活动，会选择比较积极、年轻、能够适应这种活动的成员参加。(150611A_c)[②]

另外，志愿组织常规服务的主题则大多来自社区居民自身。有的出自居民会议的讨论，如："我们就在楼与楼之间的空白处开

---

① 社区中常设的志愿服务管理机构是志愿者服务站，站负责人一般由居委会主任或党支部书记兼任，其下可有十余支甚至几十支志愿者服务队。由于每支队伍一般仅有一两个主要的服务方向，而且一人参与多支队伍的现象极多，因此本课题只将社区中的志愿者服务站或类似机构视为志愿者组织，以区别具体的志愿者服务队伍。

② 此为访谈资料的编码，具体见导论部分表3，本书后面出现的类似编码均见导论部分表3，不再赘述。

了个论坛，询问大家的需求，奔着最能满足需要的志愿者队伍打造。”(150611A_c)有的直接源自创办者的个人需要，如："是我们心里想做的，想给我父母做的。”(140106B_c)这些服务一般以具体参与者为重点进行动员，与大型活动的动员区别很大。

在动员时，社区志愿者组织特别依赖基层党组织和基层社会治理网络开展工作。构成这两大抓手的社区政治精英不仅发挥了连接居委会与普通居民的作用，而且还成为了社区志愿者事实上的主体：

> 居委会通知楼长，楼长通知单元长，单元长通知各个居民。(150619A_c)
>
> 动员这两大人群的原因是，只有党员这些人清楚各个组织内部成员的情况，而楼长最清楚自己楼上居民的情况。(150611A_c)

从动员技术上看，此类组织的做法比较传统。常见手段包括报纸、黑板报、会议、通知、情感、激励、口号、歌曲、标志等，除了QQ群外很少使用新媒体，这可能与其成员主要为老年人有关，如："居民说了，你别老发那些信息，我不懂手机，看不到。”(150611A_c)其中，许多组织都会使用激励动员，而且主要是精神和文化上的奖励（如评优评先、会议表彰、颁发荣誉证书和纪念品等）；一些资金充裕的社区也会施行物质奖励，如设立“积分换服务”制度，将志愿者个人的服务时长换算成积分，再定期将积分兑换成日用品或家政服务卡，但反响不是很热烈。

与发轫之初全靠参与者自己筹措活动经费的境况不同，随着国家加大对基层政权的支持力度，目前一些社区的志愿活动可获得上级拨发的“党群活动经费”等名义的资金支持，个别明星社区还能得到政府部门的主动关注和资金投入。另外，还有驻区单位捐助、志愿者自身募集、民政部门资助等多种渠道。总体上看，社区志愿者组织的资金和物力资源是各类型志愿组织中最丰富的。

> DL 社区因为是示范性社区，通过自身的社区建设成果及社区建设计划和规划，妇联、民政局、街道等会主动投放资源；形成这种良性循环，所以本身的资金和资源并不短缺。(150617A_c)

总之，社区志愿者组织及其活动实际上融合了基层社会管理、基层精神文明建设、基层公共服务等多个议题；志愿服务成为国家与社会、政府与个人发生互动和城市居民社会参与的重要场域。转型期志愿服务的这种“新瓶装旧酒”的特点，在此种志愿组织上体现得尤为明显。

二、高校志愿者组织

青年志愿服务是中国志愿服务事业的另一重要主导体系。1993 年 12 月，共青团中央与铁道部联合发起“铁路青年志愿者”迎春运志愿活动，标志着中国青年志愿者行动正式启动，并迅速形成三大主题：为大型活动提供志愿服务支持，设计实施“一助一”基层活动，扶贫开发青年志愿活动。① 作为团中央“跨世纪青年文明工程”的重要组成部分，青年志愿者行动从一开始就被赋予了教育青年、发动青年、宣传青年的政治意义。

高校志愿者组织是青年志愿者行动的主要依托。我们调查了教育部直属“985 工程”高校和省属地方高校的 8 个学生志愿组织，其总体情况差别不大：它们的成员全部为在校本科生，组织领导者也从学生志愿者中产生；内部分工较为完善和正规，一般设有办公室(秘书处)、文宣部、财务部、活动实践部等职能部门，还有各校区或学院的分会及各直属服务队；组织规模在 70～300 人不等，个别组织规模很大，如 SD 大学 AX 协会现有会员约 1000 人，下

---

① 参见安国启：《志愿行动在中国——中国青年志愿者行动研究》第二章，中央文献出版社 2002 年版。

辖5个分会，覆盖6个校区，在学生中影响较大。

从服务内容上看，高校志愿者组织主要涉及助老帮幼、环境整治、交通疏导、支教、助残、家政保洁等集体服务，且大部分活动均由其自行设计和接洽；校方一般只起到审核把关的作用，偶尔会以行政命令要求其服务于学校或城市大型活动。总体而言，此类志愿组织更重视能否使志愿者积累阅历、开阔眼界、强化实践能力，而服务的专业化程度和服务水平偏低。这当然与青年志愿者运动比较追求教育与宣传意义有关，但也与此类组织的客观条件有关：大学生志愿者无偿服务的能力、水平和时间都比较有限，部分学生对志愿服务抱有实用主义态度，与服务对象建立的关系多少有点“各取所需”的意味，正如有学生所说：“会员的参会动机总体上是好的，但是也有一些动机不纯的，主要是因为大家现在受到的诱惑比较多。”(131227A_b)

与社区志愿者组织类似，高校志愿者的动员活动也分为两个层次：学校共青团组织或学生工作部门牵头在学校或学院层面建立社团联合会、青年志愿者联合会等学生组织，由它们负责在申请场地、财务管理、活动协调等方面为志愿者组织提供管理和服务，志愿动员的宣传、招募、融资、培训、对外联络等活动则由志愿者组织自行操作。这种双层管理机制使学校行政部门既能间接掌控和指导全校的志愿服务事业的发展和动向，又不过多干涉志愿者组织的具体活动，为学生提供相对自主的空间。在此背景下，高校志愿组织的社会动员呈现出如下特征：

一是动员活动形成传统，具有持续性。由于大学生的流动与更新频率非常明确，高校志愿组织每年对外招募(学生一般称其为“纳新”)的时间和形式几乎固定：“纳新”一般由社团联合会、青年志愿者联合会在当年9～10月份统一组织，集中确定场地、形式和时间，包括志愿者组织在内的全校各级各类学生社团均可参与，在使用展板、传单、口号、横幅和现场活动等手段的同时面向全校在校生吸纳新成员。在学生社团数量比较多的SD大学，这又被称为"百团大战"，场面十分热闹，实际上是全校各种"社会组织"市场化竞争的一种形式。二是动员行动与学生成长发展紧密结合使之制度化。各高校一般都将参与志愿服务明确列入学生评比表彰的指标体系，直接影响奖助学金、发展党员的评选结果，并由此成为高校志愿组织吸引学生参与的重要手段，如："通常情况下，学校要求志愿服务时长……另外也会通过素质发展分来吸引同学们来做志愿者。"(150608A_b)当然这体现的是典型的工具理性，一定程度上强化了学生对待志愿服务的实用主义态度。三是对内动员强调以组织凝聚力建设为形式，尤以全校性的大型志愿组织为甚。[①]如SD大学AX协会和JN大学XY协会都有明确的会徽、会服、宗旨、口号、会歌，后者甚至还有自己的网站，文化载体种类丰富；而以培训、激励为形式的内部动员则不明显。四是不同行政力量主导的高校志愿组织，其动员方式也有所不同。SD大学的同学们认为："团委管理的学生(志愿)社团在动员志愿者时通常会下达官方的通知，相较于学工部下辖的社团，他们具有很强的官方色彩，组织活动的自由度和自主度会相对较小。"(150608A_b)这与本节后面即将讨论的政府志愿者组织的情况相类似。

三、企业和事业单位志愿者组织

传统上，企事业单位在公益志愿事业中多以财物资源的提供者身份出现，既向公益活动、项目及有关社会组织提供帮助，也直接资助社会弱势群体，自主成立志愿者组织向社会提供志愿服务是近十年来兴起的新做法。[②] 此类志愿者的服务内容常与其专业

---

① 相较而言，学院级别的志愿服务队则更强调运用人际间强关系开展动员。

② 参见丁时照：《高举爱的旗帜——记深圳市义务工作者》，中国青少年研究中心：《深圳共青团工作社会化之路》，中国青年出版社1997年版。

紧密结合，有助于提升其日常工作的效率和水平，如JY和GJ交通公司的帮扶困难旅客、爱心送考和大型活动导乘，SL医院的义诊服务和导医导诊，KYT保健机构的免费推拿，DH律师事务所的法律援助热线和法律科普等。另外，还提供部分就近就便的常规性服务作为补充，涉及助残、助老、助学、安全教育、环境整治、交通疏导、文艺演出、修理维护等主题。

建立此类志愿组织的方式一般有两种：一是直接依托单位的特定部门，由其工作人员专责招募志愿者和策划组织志愿活动，使志愿服务成为部门工作内容。[①] 二是由员工发动成立具有一定独立性的服务组织，单位的行政、宣传、共青团部门在发动和运作上提供支持。相较而言，后一种模式比较常见，但两者体现的都是单位意志，而且所建立的志愿组织一般都没有明确的部门分化[②]，只有基于日常工作或者具体活动的队伍分化：如青岛JY集团在公司层面设立学雷锋志愿服务总队，并按子公司或运营线路建立了50余支服务分队，全公司志愿者多达4700余人，但一直没有明晰的部门管理体系。另一公司GJ集团则表述得更明确："依托二级单位抓志愿服务，再依托车队加权管理，即全局统筹、分级管理。"(150706B_d)以日常工作体系为基础，将志愿服务的总体目标化整为零、层层下发，是此类组织的突出特征。

也正因如此，这些志愿组织可将志愿者动员(尤其是组织内部的动员)与单位的工作动员直接捆绑，使之与员工的权利、利益和职位等级挂钩，动员效率非常高。经常使用的动员技术包括会议、指令、倡议、新媒体等。

一般利用公司内网下达信息，有的时候直接下达给

---

① 调查显示，不同单位的志愿服务专责部门差别很大，如JJL公司为"养教保障部"、SL医院为"医务社工办公室"等。

② 有的志愿组织可能发展出了一定程度的工作分工，但没有形成部门分化。

职工个人，让他们自主报名；有的时候是下达给门店，由门店店长安排。(131210H_d1)

先通过每周的班科长会议宣传这个事儿，张贴倡议书，在班组里一说就行了，让职工都知道。有一些专门的活动还在候车室里举行个仪式。(131210H_d2)

社工科一般在医院内网的办公平台发布活动通知，或直接联系科室负责人安排义诊，并通过电话、QQ群等形式联系志愿者个人，其中离退休志愿者主要是电话联系。(150606A_e)

企事业单位志愿者组织的动员动机比较特殊，一般都具有某种程度的功利色彩。被访单位普遍认为，志愿服务是其履行社会责任的重要方式，能够扩大社会影响、塑造良好形象、促进自身发展，他们这样说："慈善事业与企业效益也是相辅相成的，一方面是对义工精神的支持，另一方面也有利于企业的发展，是一个很好的宣传平台。"(131209H_d)"活动过程中产生的社会效益是非常大的，使GL医药深入人心，推广品牌……我们帮扶的对象都很满意，他们也更加信赖GL医药。"(131210H_d1)同时，也有被访组织的负责人承认，他们的许多活动"主要是响应政府号召，通过和媒体以及政府部门的合作，逐渐成为志愿服务的佼佼者。"(150706B_d)志愿服务等公益活动成为这些单位与政府及媒体建立良好互动关系的一种手段，这符合转型期社会中政府作为资源主要掌控者的身份。出于这两种考虑，此类志愿组织普遍对员工志愿者采取物质和精神激励措施，大力动员他们参加服务，如："会记录工作量，并与精神文明奖(1500元奖金)、晋升、推优等激励措施挂钩。"(140107B_d)这在受访单位中是非常典型且常见的情况，与其他类型志愿者组织特别是社区志愿者组织完全不同。

调查还发现，从受访单位的情况看，"国有企业＋事业单位"与私有企业在组织生态上的差别，要远大于企业—事业单位间的差别。特别是在交通、通信等重点行业，相关国企在体制和文化上仍具有许多改革前社会单位制企业的特征（如高度重视社会责任、完备的组织动员体系、发达的党团组织等），这种内部差异就更明显，并造成了这两类志愿组织在社会动员上的差别。

首先是动员对象。国企和事业单位志愿组织喜欢先动员党团员、工作骨干和先进分子，进而带动普通员工；私企则普遍不太重视员工的政治身份，也缺少精细的动员体系，因此往往“挖到筐里就是菜”，只要员工有空闲就可能被动员。

其次是资金来源。国企和事业单位志愿组织虽能在一定程度上得到单位的财物支持，但一般都不是专项经费，“因为审计相当严格，无法进行与运营无关的事项花费。”(150706B_d)所以相当比例经费仍来自企业的共青团、工会等群团组织及志愿者的个人募集。而私企志愿组织经费则完全由本企业供给，JNGL 就明确表示：“由于我们是具有营利性质的私企，所以义工参加活动的经费都来自公司。”(131210H_d1)JNKYT 保健机构也称：“资金方面没有困扰，因为我们都有店、有员工。慈善总会、社会都没有给予资金支持，我们都是靠自己。”(140108A_d)这对于前者是不可想象的。

最后是核心推动力。私企志愿服务多源自企业创始人或所有者的个人主张，如 JJL 公司的慈善学校最早就源自董事长 X 对家乡的回报之情，在运作中实际上带有浓厚的基于个人权威的强制性，LNJJL 企业员工说得好：“（大规模大投入的志愿服务）只有个体企业才能做起来，可能工作人员并不是很愿意，但老板有要求，就必须参加。而公立的单位可能就不能这样下硬性命令。”(131209H_d)相应地，公有制单位的志愿活动虽也不排除个别精英在发起时起到的关键作用，但制度化相对容易，保障体系也相对完善，推动力的种类和层次较前者丰富得多。如 QDGJJT 党委“对于志愿服务非常重视，下了两个文件，一是加强诚信建设，二是积极加强志愿服务。”(150706B_d)JY 集团也会每年都由总部管理人员制定和下发志愿服务计划与指导方案，从而保证了志愿者组织动员的延续性。

四、政府志愿者组织

准确地讲，政府志愿者组织应指成员主要为政府公务员的志愿者组织，但实际上此类组织极为少见，故此处实指由各级文明委(办)、老干部工作部门、慈善总会、红十字会[①]等政府部门或行政性人民团体直接建立和管理的志愿者组织。其服务主要围绕助残、助老、助学、义诊、基层社会治理等传统主题展开，也有文艺宣传、老年体育等自助色彩较强的内容，并受到主导力量工作性质的影响：如红十字会志愿组织侧重应急救援、无偿献血及干细胞捐献宣传等与生命相关的主题活动，慈善总会志愿组织则侧重对社会弱势群体的帮扶，与作为慈善会常规工作的社会救助紧密结合，打造了“朝阳助学”“夕阳扶老”“康复助医”“情暖万家”等重点服务品牌。

在资源获取方面，此类志愿者组织相较其他类型组织的优势并不明显。如邹城的慈善义工 ST 组织，除了在慈善总会注册过，并曾接受过一次总会培训之外，几乎没有得到更多的服务和资源。青岛红十字会下属的几个志愿组织，除争取到一部分政府购买服务费用外，大部分经费都来自社会募捐、企业赞助和团队自筹，普遍认为政府的支持力度太小，而且行动上也没起到促进作用，如：“(救生救援队)需要租游泳馆(训练)，一天 1 万元，一期 9 天，一年 4 期，器材也贵。我感觉这个事情做起来太难了，人太少了，费用还多。”(140106B_f)YTCSZH 对慈善义工组织的管理与运行比较重视，对义工组织有一定的资金支持，但也“只提供部分活动、宣

① 就组织性质而言，慈善总会和红十字会确属公益性社会团体，但因其管理机制、资金来源和运作方式与政府部门几乎无差别，故此处将其与政府部门归于同一类。

传、保险经费，有些活动是团队拉赞助，有的是自己掏腰包。”(140102F_f1)调查中只有极少数成员构成单一、主管单位行政资源丰厚的政府志愿者组织(如老干部志愿协会)能做到全部活动经费均由政府供给。这与公众对此类志愿组织完全“不愁吃穿”的想象大相径庭，反映了转型期社会公共服务职能逐渐从政府部门剥离的宏观趋势。

但是转型期的政府类志愿者组织在社会动员方面仍具有相当优势，这主要是因为它们可以借助主管部门结构完善、覆盖面广的组织体系(或称为“组织资源”)开展动员。以山东省慈善总会为例，其下设义工工作委员会负责指导管理全省慈善义工(志愿者)工作，各地市及县区慈善会成立义工工作委员会、义工分会或义工管理服务中心，乡镇(街道)设义工站，并在省属高校、国企等单位中建立慈善工作站，形成“纵到底、横到边”的庞大体系，相当于为相关志愿组织铺好了一张完整的工作网络，极大地方便了服务资源和信息的沟通传递，扩大了志愿品牌的影响力。另外，此类志愿组织的官方背景还能转化为信任等无形资源。如QDHSZH志愿者组织就“来源于2008年四川地震许多爱心人士的聚集，赈灾结束后许多志愿者开始提议面向社会招募志愿者，于是在2009年许多志愿者组织建立QQ群，开始面向社会。”(150707B_f)实际上利用了作为国家品牌的红十字会的公信力。

不过，志愿组织背后主导力量多样化的根源是各行政部门对公益市场及自身更大话语权的争夺，由此造成的沟通不畅是政府背景志愿者组织面临的重大挑战，像调查对象所反映的：“慈善总会各自忙活自己，我觉得缺少像今天这样召集起来，大家一起坐坐，相互交流(的机会)。”(140106B_f)协调机制和第三方评估监督力量的双重缺位导致政府类志愿组织与服务对象对接不良，惰性又较强，眼界也相对封闭，既浪费了志愿资源，又在一定程度上阻碍了自身发展。

五、民间草根志愿者组织

本书将那些完全由社会人士基于个人自发联系和个人资源建立的志愿者组织称为民间草根志愿者组织。由于中国民间草根组织的正式注册率一直不高，故此处的“草根”更多地用以突出其社会性特征，并没有法律身份上的严格限定，是否正式登记注册均可。在当今中国志愿服务事业中，这类组织活动最为活跃，也最能反映未来的发展倾向。

调查发现，草根志愿组织的活动内容传统上以就近就便的日常服务为主，如照顾孤寡老人、资助贫困生、慈善募捐、节能环保等。随着近年来社会组织的正规化、跨越式发展，专业化、特色化服务开始成为此类组织的努力方向。以 TA 市为例，就有专注于推动出租汽车志愿服务（如“爱心送考”等应急活动）的 HY 中心，关注服刑人员子女、留守儿童和白化病儿童的 XH 中心，宣传心理知识、训练心理疏导技能的 XL 协会，以及宣传母乳喂养、关注女童安全的 TAMY 协会等若干专业草根组织，综合性的 TAGY-ZYZ 协会也逐渐涉足灾害救援、精神病患者救助等特殊领域。这种转向回应了转型期社会急剧增加的对公益志愿事业的多样化需求，也为转型期公众提供了一个集体行动的平台，使得志愿服务组织成为连接志愿者个体、满足其社会交往需要的重要纽带。因此，草根志愿组织的服务活动总是团体性的，强调力量和资源的汇聚；绝大多数活动主题源自自身发掘，与政府部门的推动或引导关系不大。

从组织结构上看，草根志愿组织成员的职业多样性和阶层多样性明显高于其他类型志愿组织（见表 1-1），成员来源的社会化水平高。为了提高服务效率和影响力，有些组织很重视内部的顶层设计：如 XH 中心有完善的理事监事制度及组织章程，组织的层级、分工、工作流程都经过精心考量，“不能不讲方法，累死算完”

(150527J_a1);泰安 GYZYZ 协会下设 10 个职能部门、15 个派出机构或直属队,覆盖泰安地区绝大部分县区。这对于资源相对较少、缺乏外在支持的草根志愿组织而言是十分可贵的。但这并非草根组织的整体样貌,调查同时发现不少草根组织仍然缺少明确的制度安排或部门设置。事实上,民间草根组织是否适合严格的规范化发展路径在志愿服务实践中还存在争议,如 YG 团队的负责人就指出,“(对于具体工作)如果用很成文的一些条条框框来规制大家的话,可能会带来一些更加不好的影响。而靠大家心里都有一些心知肚明的事情”(131215H_a1)来约束志愿者的行为可能效果更好。

表 1-1　各类型志愿者组织的成员职业分布(%,N=245)

	草根类	高校类	社区类	企业类	事业单位类	政府类	小计
工　人	1.7	0	15.4	57.5	0	13.5	1.7
农　民	1.7	0	0	0	0	2.7	1.7
公务员	3.4	0	2.6	0	0	2.7	3.4
公司职员	13.6	0	5.1	42.5	13.3	2.7	13.6
个体户	5.1	0	2.6	0	3.3	0	5.1
私企主	15.3	0	0	0	0	5.4	15.3
服务人员	8.5	0	10.3	0	3.3	5.4	8.5
科教文卫	8.5	0	0	0	3.3	10.8	8.5
离退休人员	1.7	0	59.0	0	33.3	45.9	1.7
在校学生	37.3	100.0	0	0	40.0	0	37.3
家务劳动者	1.7	0	5.1	0	0	2.7	1.7
失/无业人员	1.7	0	0	0	3.3	8.1	1.7
合　计	100.0	100.0	100.0	100.0	100.0	100.0	100.0

草根志愿者组织的动员行动有着鲜明的特色：一是强调生活化和情感化，如一位志愿者说道："没有共同的理想也走不到一起去，更重要的是一个意识和氛围……先做情后做事，先有感情后来才能在一起做事。"(150527J_a1)"有喊大哥嫂子的，有喊姐的。大家没有钩心斗角的，都是很单纯的。……有一股吸引力让大家待在我们这个大家庭里。"(131214H_a)志愿者个人的交往成为参与服务活动的主要动机。在此基础上，有些组织由于结构扁平、核心人物影响大，还呈现出精英化动员的特征，如 TAHY 中心的会长姓荷，其组织就形成了"荷姐说要去，我们就一定参加"(150527J_a1)的动员传统。二是乐于使用较新颖、时尚的动员技术，例如基于互联网的线上动员几乎是每个草根组织都在花大力气积极打造的沟通工具，包括 QQ 群、微信、电视公益广告、二维码等。如 QDCR 社有 5 个 QQ 群，每个群 200 人，几乎所有的活动消息都通过 QQ 群传播；TAHY 中心的出租车 GPS 平台则帮助该中心实现了从"到处求人"到"志愿者找上门"的转变；邹城 YL 团队规模最大的 QQ 群人数多达 800 人。同时，"周六约吗""你相信我，我带着你，你不用带着钱"等流行语则使志愿组织在与青年人沟通时展现出较好的亲和力，实现了基于文化符号的动员。三是充分借助志愿者个人的社会网络吸收新成员，形成滚雪球式的招募或引荐，特别是专业性强、目标明确的草根志愿者组织更擅长于此，并形象地称之为"种子的传播"。四是强调针对性和策略性，根据对象群体的特征有的放矢地动员，如："动员孩子，孩子最重要，只要动员得了孩子，家长再忙也会来。"(150527J_a1)在信众中推动遗体捐献、义务献血的 QDCR 社负责人 J 法师说："《华严经》说头目脑髓以救布施，以身饲虎都可以……如果我们从佛教的角度给大家解释清楚，遗体捐献从宗教层面上不但不会给大家带来不利，反而是更好的，那(捐献)就不是问题了。"(140104B_a)

第二节　动员客体及其选择

一、作为动员客体的人、财、物

志愿者组织社会动员的客体指动员行动的接受对象，主要包括人力资源、物力资源、财力资源三类，其中以人力资源最为重要：第一，志愿者的汇聚是志愿者组织提供无偿助人服务的基础，没有充足的人力资源，志愿活动就无法存在，也无法与单纯输出善款善物的慈善活动相区别。第二，“世间一切事物中，人是第一个可宝贵的。”[①]人力资源对社会组织的资源获取具有提纲挈领的意义，是最核心、最根本和最具潜力的资源类型，动员人力资源可以有效带动其他资源的卷人。“动员”“社会动员”“政治动员”等概念也都把人力资本或人员参与视为最重要的落脚点。第三，组织目标与其成员的个人动机之间的互动，是衡量该组织运行发展的重要指标。社会组织将人力资源视为主要的动员客体，反映了它们对自身微观结构的重视。

尽管志愿组织主要输出的应是人力或技术而非款物，但调查显示，志愿组织在动员人力资源时也经常同时对物力和财力资源开展动员。这首先是因为充沛的物力和财力资源有助于志愿服务的顺利开展，其次是许多志愿者组织（特别是与民政部门和慈善总会系统关系较密切者）在事实上已经将经济帮扶视为义务服务之外的补充活动，志愿动员的客体实际上是十分多样化的：

> 一些爱心企业家捐赠的钱，每年主要根据捐赠的数额来确定救助的数额，但是有一个基本的下限，不够的我

① 《毛泽东选集》第四卷，人民出版社1966年版，第1401页。

们工作室再想办法凑起来。(131214H_a)

我总开玩笑说:“我什么都没有,我就是空手套白狼,我告诉你我要建爱心教室,我列出了30多项资源,我缺场地,我缺拍卖活动主持人,我缺Logo等等,最终我所有的东西都筹齐了。谁有什么资源就给我出什么资源……,公交公司愿意出车,策划公司策划了流程,拍卖公司出了拍卖师等等,那场活动真的很感人,而且整个活动所需的资金和物资很快地就筹集好了。”(150520A_e)

在这种情境中,相关志愿组织实际上是将无偿服务的侧重点放在了善款善物的协调、筹集、调查、核对、发放等环节上。这反映出转型期中国志愿服务与公益、慈善等多个领域的融合。

二、志愿者组织选择动员客体的实践逻辑

不同的志愿者组织对不同类型动员客体的动员能力不同。调查中许多草根志愿组织都着重谈到对财物资源的动员,来源包括企业捐助、组织核心成员募集、慈善超市善款等多种渠道,但即便如此效果仍不理想,如泰安市几乎所有的民间志愿组织都反映没有充足财力用于对志愿者的物质激励,高校志愿者组织也存在类似现象。相应地,社区志愿者组织或企事业单位志愿者组织由于有依附挂靠单位,则较少因为财力不够而作难。[①]

即便针对同一类型客体,不同志愿者组织的行动也存在差异。以人力资源为例,不同类型志愿者组织有不同的动员重点,如上文所述,国有单位志愿组织倾向于依照传统和习惯先动员党团员、工作骨干和先进分子,然后通过他们动员一般员工;私企则不太重视员工的政治身份,只要员工有空闲就可能被动员。进一步分析表明,即便组织类型也相同,志愿活动的专业要求、时间紧迫程度或

---

① 上文对此已有详述,此处不再赘述。

团队人员组合需要等因素也可能影响选择客体的策略。例如，民间志愿者组织一般对志愿者招募都不设门槛，只要志愿者本人愿意又没有违法违纪行为均可加入。但青岛民间的LT救援团执行的却有一套非常严格的动员筛选程序，既要求志愿者对志愿组织有强烈的归属感，又要有相对较高的专业救援水平，这对于风险大、专业性强的救援组织来说至关重要：

> 救援团分三个等级，动员群，约有375人；考察队员群，约有135人；顶层有正式救援群，约有59人。动员群面向社会，只要认可组织文化及对此服务感兴趣皆可加入。进入之后，团队和志愿者双向考察，只有组织认可你，自己也真正认可团队的文化，才能正式成为救援团队员……志愿者加入其中后，还要进行层层考验才能正式参与救援。(150707B_f)

另外，作为动员客体的人力资源还有个人和团体之别，不同志愿者组织对此侧重也有所不同。如济南QC义工组织就以善于发动团体志愿者而闻名："单位是以集体身份注册的，一个单位一个团。高校类的注册有三种情况，以二级学院或系的名义注册、以学校的名义注册、以校级社团的名义注册。"(150520A_e)慈善总会系统在建构慈善义工队伍时也有此类做法，即整团整队地吸收志愿者。而社区志愿者组织、民间志愿者组织则更多地以志愿者个人作为动员对象。

第三节 社会动员的描述性要件

一、动员方式与手段

动员方式是动员主体发出的，具有特定条件、目标、意义的一系列行动的集合。它是社会动员行动的具体体现，发挥着连接动员主客体间互动关系的作用，在一定程度上表明了志愿者组织对动员的特定态度与认识。

区别动员方式的维度有许多种。如：(1)动员意图外显为组织的独立行动，还是内隐在组织的日常管理运行中；(2)动员是否具有明显的强制性；(3)使用单一动员方式还是多元化的动员方式；(4)动员已形成常态化、制度化的规范做法，还是只是组织在面对特殊环境时的一种应激对策，等等。就本书而言，我们认为前两个维度最能反映转型期中国社会动员的基本特征，即一个混合了行政化、组织化、一元化、运动化、意识形态化的动员模式与情感化、多样化、生活化的动员模式的过渡状态，很符合上文所述的国家—社会框架下宏观社会变迁的趋势。由此得到动员方式的四种理想类型，如图 1-1 所示：

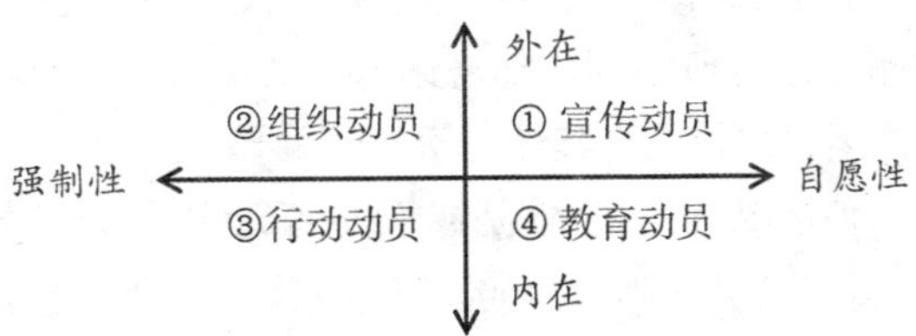

图 1-1 动员方式的四种理想类型

其中，动员客体往往能从①②中直接体会出动员的意图和所指；③④则并不直接显现其意图，而是构建一种无形的、浸润的环境。同时，①④在操作上是有弹性的，是一种“软”形式，至少在表面上允许动员对象选择是否被卷入到动员行动中来(即是否参与宣传和教育)；而②③的操作则一般要求全体组织成员或相关成员必须被卷入(即赋予动员对象以角色期待，如参加动员会议、完成本职工作等)。最重要的是，②到④的变革恰好能够体现出转型期社会的变迁与混沌。

动员手段是支撑动员方式的具体技术，动员方式即是基于特定条件，由一种或多种动员手段的实践构成的。常见的动员手段有会议、命令、培训、传媒、情感感召、文化符号引领、行动示范等。一般而言，每种动员方式都有其最典型的动员手段，如组织动员中的会议、宣传动员中的大众传媒、教育动员中的情感感召以及行动动员中的活动带动等。但两个层面并非一一对应，譬如网络新媒体作为一种技术，几乎可以用于全部动员方式。

二、动员动机与动员方向

如前所述，在国家—社会二元框架的转型中，志愿者组织对其主体地位有着不同的认识，即究竟是一个处在相对自由的社会化环境中，需要以竞争获得优势地位的独立主体，还是作为国家体制的一部分而存在。这两种认识分别催生了志愿者组织的自发性动员动机和任务性动员动机，即发生动员行动的根本原因：前者是为了推动组织自身发展运行，后者则是为了完成党和政府要求的社会服务任务。表1-2对两者作出了对比。当然，由于无论在时间还是逻辑上后者几乎都要引发前者，它们在动员实践中并不能被截然分开：

表1-2　　志愿者组织社会动员的两种动机

	自发性动机	任务性动机
核心议题	社会组织发展	公共服务或公共管理
具体目标	完成某一具体活动或提升组织至某一发展水平，目的性不明显	提供某一综合性或长期性服务，目的性强
特　点	主动发起，非正式，规划有弹性，影响小	被动接受，正式，有一定强制性，有严格目标、规划甚至考核，影响大

续表

	自发性动机	任务性动机
需协调关系	组织/组织成员，组织/资源提供方	组织/组织成员，组织/资源提供方，组织/其他组织
典型情境	社区“送温暖”棉衣棉被制作、下水管道疏通维修、公交公司爱心导乘、某乡村小学暑期支教	某大型赛事媒体中心后勤，为“创建全国卫生城市”清扫社区环境，“泉水节”某路段秩序维护，某校校庆校园导游

动机差异直接影响志愿服务的主题和内容，本章第一节就多次提到，社区志愿者、高校志愿者等类型志愿者组织的服务活动既源起于服务对象的需要，也来自行政或类行政部门的要求和分派。同时，动员动机还影响动员方式和手段的选择。在任务性的动员活动中，志愿者组织自身的行动空间不大，故动员方式和手段相对单一；而自发性动员则允许志愿组织更自主地安排动员活动，选择更多样的动员方式和手段，使得不同类型组织间出现较大差异。

从资源获取的角度讲，动员方向也是描述志愿动员的维度之一，即动员行动之于该组织的相对位置，包括对外动员和对内动员两类。这两个方向上的动员既可同时出现，也可单一或交替出现，并与动员方式和手段有一定程度的固定搭配，如会议动员一般只用于对内，大众传媒动员主要用于对外。一般而言，作为动员客体的人力资源，除了志愿组织所辖的志愿者群体外，还包括潜在的志愿者，即可能未来成为志愿者的人员，甚至其他志愿组织的志愿者。对于一些志愿者流动性较强的民间志愿者组织，后者已经成为它们的主要动员对象，以此弥补组织内正式志愿者的流失。而政府类、企业或事业单位类志愿者组织，则更多地动员单位内员工，一般是发动党团员、业务骨干、优秀分子等骨干员工和精英。

就本书而言，动员动机和方向并非需要单独分析的对象，而是一种在动员方式、手段、影响因素、特征等方面造成内部差异的维度，故在第二至第五章中均有所涉及。

三、动员效果及其影响因素

志愿者组织社会动员所体现出的正功能可以被视为动员的效果，即动员活动的产出结果。这种效果最直接的体现就是志愿者队伍因为参与服务的人数增多而增大了体量、提高了质量，志愿活动可以获得更多资源；进一步讲，这既满足了服务对象的多样需求，又宣传了志愿精神和理念，扩大了志愿服务影响，还为志愿者个人提供了社会参与的新途径，有助于发挥个人价值获得精神满足等。因此对提升服务水平和效率、推动志愿服务事业长远发展具有重要价值。从中国志愿服务在转型期的实践来看，传统动员仍然将长期存在并发挥重要作用，现代动员发展迅速，针对性更强，但无法完全取代传统动员。两者相互补充、相互合作。

容易看出，动员系统中的一些其他要素能够对动员效果产生影响①，如宏观上的社会需求、法律法规与政府支持、社会文化传统，中观上的志愿组织内部结构和公共关系、活动主题及其设计、权益保障、群体亚文化，微观上的志愿者时间条件、服务参与动机、人际关系等。这三个层次大致分别以必要性、实践性和可能性三种机制体现影响，并对应着动员的主体、行动和客体三个要件（见表 1-3）。在具体实践中，这些影响作用又可能由于志愿组织的类型不同而出现丰富的变化。

① 需要指出的是，此处的“动员的影响因素”专指对动员效果产生影响的因素，因此与“影响”动员方式和手段的动员动机、动员方向等动员系统的描述性要件有明显区别。

表 1-3　　志愿动员影响因素的作用机制

层次	具体因素	影响机制	着力点
宏观	社会需求、法律法规与政府支持、社会文化传统等	必要性，即为什么要在志愿服务中引入动员机制	动员主体
中观	志愿组织内部结构和公共关系、活动主题及其设计、权益保障、群体亚文化等	实践性，即如何在具体服务中实践志愿动员	动员行动
微观	志愿者时间条件、志愿理念认知和参与动机、人际关系等	可能性，即志愿者为什么会被动员到志愿活动中来	动员客体

本章小结

志愿者组织的社会动员是动员的主体、客体、方式、手段等要件相互配合的系统性过程，并因为受到多种因素影响而呈现出不同的形态和水平。动员主体主要指各类志愿者组织，其组织背景、主导力量、服务内容、活动形式等属性存在明显的内部差异，这是导致动员实践多样性最重要的原因之一。六种类型志愿者组织的特点见表 1-4：

表 1-4　　作为动员主体的各类志愿者组织

	社区类	高校类	企事业单位类	政府类	民间草根类
主要动员对象	社区居民和辖区单位职工等	高校在校生	单位员工	各界群众，相关官方、社会团体的工作者	各界群众
主导力量	居委会及基层党组织，民政部门等	高校共青团组织和学生工作部门	相关企事业单位	所属的官方背景的行政性社会团体	一般不明确，多为自我管理

续表

	社区类	高校类	企事业单位类	政府类	民间草根类
主题来源	上级指派,自身挖掘	自身挖掘,上级指派	自身挖掘,结合职业特征	结合所属系统工作任务策划设计	自身挖掘动员
推动者	居委会工作人员,社区居民中的精英和骨干	不明显	单位专设部门或行政、宣传、人力部门,企业所有者的影响巨大	不明显	组织领导人及核心成员
与政府关系	密切	一般	一般	密切	不密切
行动的核心特征	动员特别依赖基层社会治理网络,资金和物力资源丰富,与基层社会治理和服务弱势人群及社区群众关系密切	教育和宣传动员意义大;实践和锻炼动机强;动员有规律有传统,与学生成长发展紧密结合并且制度化	服务内容专业化,以日常工作体系为基础建立动员体系并与工作动员相捆绑,动员效率高;物质和经济激励措施突出	动员体系完善、覆盖面广,背后有多种行政力量支持,志愿动员是其行政工作的一部分	人员身份多样,重视发展策略,强调动员的生活化、情感化和时尚的动员技术典型
组织	JNYYSQ	SDDXAXS	JNGL	QDLGBXH	TAXH

志愿动员的客体主要指人、财、物三类资源。不同类型的志愿组织在选择三种动员客体时的倾向有所差异,但都最重视对人力资源的动员,即一方面充分发动社会公众加入其中,同时还要保证

既有志愿者积极参与服务。不同志愿者组织会有针对性地选择个人或团体开展人力资源动员，采取的动员策略也十分多样。

社会动员的描述性要件主要包括动员的方式、手段、动机、方向和影响因素等。其中，本书将动员方式总结为组织动员、教育动员、宣传动员和行动动员四类，每种动员方式都以一种或几种的技术手段作为具体体现，如大众传媒、会议、行政命令等，但两者并非一一对应而是有弹性的。动员动机来自志愿组织对其自身主体地位的认识，可分为自发性动机和任务性动机两类，它直接影响志愿服务的主题和内容，体现了转型期的国家—社会关系。

动员方向指动员行动之于该组织的相对位置，包括对外动员和对内动员，与动员方式和手段的对应相对固定；动员效果则指志愿者组织社会动员所体现出的正功能。

此外，动员系统中的其他因素均可被视为动员的影响因素，如社会文化、政府引导、志愿组织内部结构与制度建设、志愿者的参与动机与社会资本等，它们在宏观、中观和微观三个层次上大致以志愿动员的必要性、实践性和可能性三种机制影响志愿动员，并对应着动员的主体、行动和客体三要件，从而在实践中呈现出丰富的变化。

第二章　转型期志愿者组织社会动员的方式与手段

志愿者组织是一种十分活跃的社会组织，它既能承接政府转移的职能，又能服务民众生活，满足社会的公益性需求。为此，根据动员客体的属性及现实需求，选择并运用恰当的动员方式、手段及策略，有针对性地调动志愿者与公众的参与积极性是当前中国志愿者组织的重要工作。

第一节　志愿者组织社会动员的基本方式

如前所述，动员方式是动员主体发出的，具有特定条件、目标和意义的一系列行动。动员方式之间的差异体现于动员行动中主客体之间的互动关系，以及志愿者组织表达动员意图的方式。根据动员意图是否外显和动员行动是否具有明显的强制性这两个维度，可以将动员方式划分成四种，即宣传动员、组织动员、行动动员和教育动员。

一、宣传动员

宣传动员是志愿者组织直接、明确地向动员客体表达动员意图的动员方式，因为不具强制性而易被动员对象接受。在中国，宣传动员有着悠久的历史传统。在革命战争年代和前改革社会时期，强调资源统一调配的社会体制曾依靠政治色彩浓厚的宣传动员有效地整合了群众力量。在社会转型时期，志愿组织吸引动员客体时呈现出了互相竞争的态势，这使得当代的宣传动员在传统宣传动员的基础上还增加了“招徕”“推销”和“竞争”的意味。

宣传动员对应的技术手段有：(1)大众传媒，包括电视、广播、报刊。(2)文化符号，常用的表现形式有口号（如“帮助别人、快乐自己”）、标语（如“交的是朋友、运的是感情”）、Logo、服装等。(3)艺术作品，如歌曲、海报、影视片等。(4)新媒体，如微信、微博、QQ、网站、手机报、手机短信、论坛、APP 等。

调查发现，社区和民间草根志愿者组织运用宣传动员相对较多。社区志愿服务动员主要面向社区内部的中老年人，由于改革前社会的集体记忆和文化传统，这些动员客体更倾向于接受宣传动员；民间草根组织的资源获取渠道有限，组织动员和教育动员的能力弱，因而也更倾向于进行宣传动员。在草根志愿组织的实际操作中，宣传动员常以组织内部成员的社会网络为中介，向外拓展动员客体，有人认为：“宣传一方面可以号召更多的人参与到义工活动中来，另一方面扩大影响，让更多的人认识义工。”(140106B_f)

宣传动员经常与组织动员搭配使用，如：“在做活动时，（市民会问志愿者）你们穿这衣服在干什么呢？然后就留电话，保持联系。”(150527J_a1)志愿者组织的活动参与体现着行动动员的技术内核，而应组织要求着统一服装，既反映了组织动员的强制性，也突显了宣传动员直接表露动员目的的特征。

从不足的方面讲，宣传动员的某些技术手段成本较高，如："社区展板能起到宣传和榜样作用，但是花费高，只做了两次。"(150611A_c)另外，与带有强制性的组织动员不同，宣传动员以动员客体的自主参与为基础，动员规模和效率有限，而且效果很难用具体指标进行测量，不易进行评估。

二、组织动员

组织动员是指动员主体通过隶属性的组织纽带，将动员意图明确传递给动员客体的动员方式，其动力来自动员客体对自身角色期待的内化以及群体压力，因此可以看作是一种由权力差异驱动的动员方式，具有强制化、规范化、规模化等特征。组织动员是政府和事业单位以及大型国有企业志愿者组织的典型动员方式，特别体现在其对组织内志愿者的动员。

组织动员常由志愿者组织应外部资源提供方的要求而发起。譬如社区志愿者组织的资金来源主要是政府行政拨款，因而一般需要配合、响应上级政府部门的工作目标，在"泉水节""创卫生城市"等活动期间动员志愿者参与其中。这种动员方式具有很强的组织性、强制性和行政色彩：

> 上面的人找到我们了，我们再顺着他的思路，和我们每个志愿者组织里的负责人商量，告诉他需要多少人，做什么事。常态化运行(基础上)再进行加强，再组织一些集中活动，会选择比较积极、比较年轻，能够适应这种活动的成员参加。(150611A_c)

由于具有强制性，组织动员能在短时间内动员大量的资源和志愿者，直接促成组织目标实现，对于应对危机事件或大型活动它具有良好的效果。但其强制性可能使得组织要求与动员客体的需求脱钩，导致志愿者缺乏自主性和积极性。特别是在大规模统一组织志愿活动的情况下，难以保证志愿者参与动机是自发和真诚的。

三、行动动员

行动动员指让志愿者在参与活动过程中受到组织文化氛围的浸润,从而进一步卷入志愿服务。由于行动动员是以行动的发起为前提,因此具有一定的组织强制性。组织环境浸润的过程以动员意图不直接表露为特征。这种动员方式在所有志愿者组织中被普遍使用,而高校、社区以及民间志愿者组织使用更多一些。

高校类志愿者组织的动员客体基本是在校学生。这一群体缺乏稳定的参与时间,自身资源有限,志愿服务难以固定、持久,因此需要组织利用行动动员,通过不断翻新活动形式来保持志愿者的参与热情。而那些特色活动少、服务内容不切实际的组织就会面临志愿者热情减退、难以坚持参与等问题,如有人认为:“资源没有完全发挥,特色活动不多,活动少而单调,志愿者做志愿服务的愿望没有实现反而会打消做志愿服务的热情。”(150608A_b)

组织动员可以与行动动员相互结合,将“下发通知”“安排任务”等行政命令与吸引志愿者的活动混合使用,如:“活动前期,接JNDX团委通知,下发到JNDX志愿者联合会,再由志愿者联合会下发到各个学院志愿者协会,由指导老师负责,动员学院学生积极参与其中。志愿者协会组织部负责组织活动,安排任务,由各个班级志愿者会员动员班级其他学生积极参与进来。”(150613A_b)

与组织动员相较,行动动员的强制性弱,更强调组织文化的浸润,有利于志愿者真正内化志愿精神。但是,过度追求活动次数和种类的多样性也可能带来形式化问题,甚至引起动员客体的反感,例如:“我们进宿舍(动员参与志愿活动),一些同学会说,有了有了,不要再来了。”(150613A_b)

四、教育动员

教育动员是指志愿组织在日常运行中从认知、情感、生活等方方面面浸润动员客体，使其潜移默化地接受动员意图。常用手段包括感召、教导、培训、树立榜样、发动精英志愿者等。譬如，一般志愿者愿意接受榜样的动员，乐于将榜样的道德示范作用内化为自身的动机和行为，像志愿者所说的："有时候看到这些志愿者先进个人都很感动，尤其是我们这位张大姐，她患有严重的疾病，每天都要打三针以减轻病疼，但是她还是坚持参加志愿服务，为大家做奉献。看到有这样的人在身边，我们也会不自觉地向她学习。"(140102F_f1)

属于教育动员的几种典型动员手段各有侧重，培训强调理念和知识的教育，树立榜样强调情感和道德的示范，发动精英志愿者则强调权威性的影响。教育动员常与宣传动员结合使用，分别针对内部和外部动员客体。

以上四种动员方式均有自身特点，志愿者组织往往根据任务目标以及组织的资源状况选择一种或几种方式结合使用。

第二节　志愿者组织社会动员的主要手段

动员手段是支撑动员方式的具体技术，常见的如大众传媒、会议参与、培训参与、命令、情感感召、文化符号引领、行动示范等。一般而言，每一种动员方式都有其最典型的动员手段，如组织动员中的会议、宣传动员中的大众传媒、教育动员中的情感感召等。但两个层面并非一一对应，譬如网络新媒体作为一种技术，几乎可以用于全部动员方式。

一、大众传媒

大众传媒一般是指从事信息采集、选择、加工、复制和传播的专业组织，如报社、电台、电视台等机构。大众传媒传播信息的速度快、范围广、影响大，可以起到传播志愿服务理念、提升志愿者形象、扩大动员影响力的作用，是宣传动员方式下的典型动员手段。

JNQC义工是应用大众传媒动员较为典型的志愿组织。该组织由《济南时报》联合市文明办、共青团济南市委共同发起创办，是全国第一家由都市大众传媒发起和打造的公益组织，是济南市乃至山东省志愿服务的著名品牌。其成功之处正在于较好地利用了大众传媒在获取与传播信息方面的优势。首先，媒体记者经常深入社会，由其策划服务活动能较好地回应社会对志愿服务的需求，受到民众的广泛欢迎和强烈反响，从而吸引更多人加入志愿者队伍。其次，媒体可以充分发挥在信息传播方面的优势，最大力度地向社会传播志愿理念、扩大志愿服务的影响。正如该组织负责人所说："媒体的优势就在于它强大的注意力资源。就像我们两个人这样说话，但是我前面有一个麦克风，我的声音肯定要比你大；你没有麦克风，就只有周围的人能听得见你。媒体最大的一个优势就是能吸引更多的注意力。"(150520A_e)

但是，使用大众传媒动员所需要的资金和技术门槛比较高，一般只有资源充足、领导人能力强，或者能够与媒体合作的志愿者组织才会运用该手段进行动员。比如泰安的民间草根组织XH公益协会，组织规模较大、活动丰富多彩、社会认可度高，由此引来了政府的关注，当地电视台主动来采访，他们回答："做得好的志愿者，我们会把他塑造成精英，然后让政府推荐，这样电视台的就会来采访他，全社会就会知道他，这种方式又能激励志愿者，又能达到宣传(组织)的目的。"(150527J_a1)

二、文化符号和艺术作品

文化符号动员以直观、醒目、易传播的标志系统对动员客体施以文化传播和内化，可以直接表露出组织的动员意图。文化符号包括口号、标语、条幅、Logo、服装等形式。我们调查所走访的志愿者组织大多配备了自己的口号、标志、队服、会歌、志愿者证、宣传册、胸章、横幅等材料。这些文化符号的使用一方面培养了志愿者的团队归属感和认同感，增强了团队凝聚力；另一方面提高了团队的影响力和知名度，有利于民众参与其中。

由于文化符号使用成本低，不限技术门槛，又能直接传达动员意图，因而资源有限的民间草根类志愿者乐于使用这种动员手段。社区类志愿者组织也会频繁使用文化符号，多以宣传栏、板报、展报等为载体，以适应以退休老人为主的志愿者人员构成。革命文化在前改革社会起到的重要作用和持续存在使得这些志愿者易于受到上述文化符号动员的影响。

作为信息传递机制，文化符号是一种具体的动员策略，用以向公众传递志愿者组织的活动内容、地点、形式、对象等信息。作为统一的标志系统，文化符号也是整合组织成员的凝结剂和建构组织文化系统的有效手段。由于文化符号的物质载体需要一定成本，组织在选择使用文化符号的何种具体形式时，需要根据自身组织的资金、物力等情况决定。作为宣传动员的手段，文化符号动员存在着动员效率较低、反馈评估困难的问题，如有人认为："志愿服务口号好提出，但是行为和服务效果难以落实，例如志愿服务标准和规范，以及志愿服务工时等。"(150707B_d)

艺术作品也是一种动员手段，一般指志愿者组织通过艺术媒介将志愿精神和行动发挥、创造和展示，以起到对内教育、对外宣传的作用。主要形式包括歌曲、舞蹈、影视片等，如赞美志愿者精神的义工宣传歌曲、在公共媒体和公众场合播放的志愿者宣传片等。艺术作品动员强调传达文化价值、人文情怀，较其他宣传手段更为形象、生动，具有审美情趣与理想。艺术作品的技术和资金门槛要比其他宣传手段要求更高，因而不是所有志愿者组织都有条件使用，也很少有志愿者组织将其作为主导的动员技术。

三、新媒体

新媒体是依托互联网技术产生的新型信息载体，常见形式有微信、微博、QQ、网站、手机报、手机短信、论坛、贴吧、手机 APP 等。它具有信息传播速度快、范围广、成本低、互动性强、不受时空约束等特点，因而受到了很多志愿者组织的青睐，如："集团团委常运用 QQ、微信等新媒体方式，通过网格化的信息群进行推广和动员。报栏、报刊等方式比较少，因为分散到基层时，每个人上班时间不统一，因而依托新媒体比较合适。"(150706B_d)

新媒体动员所需技术门槛和资金门槛很低，这为那些事业起步晚、资金不充裕的志愿者组织提供了便利。此次调查中有70.5%的志愿者表示自己所在的组织建有网上社区或论坛；53.7%的志愿者认为自己最能接受的动员平台是论坛、贴吧和QQ，50.4%的志愿者则选择了微信(见图 2-1)。访谈调查进一步发现，高校类志愿者组织最善于利用新媒体进行日常动员，如："我们会在学校基金会的网站上发新闻稿，依托基金会的网络平台进行宣传。"(150608A_b)但动员客体对新媒体的接受程度受到年龄、文化教育水平等因素的影响，所以以老年志愿者为主体的社区志愿者组织在使用新媒体动员时常遇到障碍。

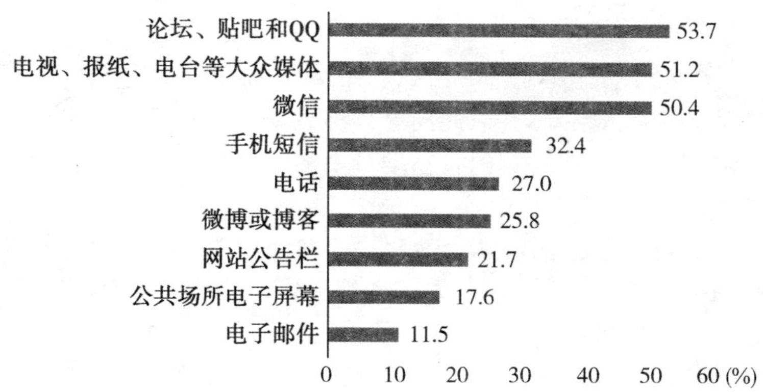

图 2-1　志愿者最愿意接受的志愿动员平台(N＝244)

新媒体动员的最大优势是可以利用互联网的开放性“引爆”受助个体的困难，产生轰动效应，突破救助靠政府、靠亲邻的界限，使更多的志愿者和志愿服务需求方实现跨地域对接，正如调查对象所说：“救助这些儿童需要很大一笔经费，有时候我们就和腾讯公益联合，我们拿出策划方案，他们帮助我们宣传，动员更多的人来帮助我们，我们也看到很多网友都会帮忙转发，包括我们自己也会转发到相应的 QQ 群里进行宣传。”(131214H_a)但是它的准入门槛太低，信息监管的难度很大，公信力可能有所不足。网络上的“诈捐门”事件就反映出了新媒体动员管理的真空地带，这类事件不仅扰乱网络秩序，而且还对志愿慈善活动的公信力造成冲击。其良性发展显然需要制定相关政策规范、监督网络动员，协调志愿者组织、媒体与网民之间的互动。①

① 参见吴楠：《媒体在我国灾害救助社会动员中的角色及作用》，《辽宁行政学院学报》2010 年第 2 期。

四、参与

参与动员是指志愿者组织利用会议、活动、培训等平台，要求动员客体加入活动，并以此向客体施以动员的手段。它主要包括组织动员中的会议参与、行动动员中的活动参与以及教育动员中的培训参与三种形式。

会议参与是指志愿者组织采取会议的形式向志愿者传达动员意图介绍活动情况。这一方式延续了传统的动员技术，带有行政色彩，如："我们是一周一会，主席会总结上周活动，部署下一周活动。"(150608A_b)根据参与人员的不同，志愿者组织的会议动员可分为两类：第一类会议的参加者只有组织内部的精英成员。这种会议的作用就是发动精英志愿者利用自身的优势资源和人脉，根据志愿组织的需求进行二次动员。例如，JNBGSQ 的动员会议对与会成员的要求是："选择的是有前瞻性的、能对今后的社区建设提出指导性意见的居民，都是以会议形式召开志愿者动员。"(150611A_c)第二类会议则不限定与会者的身份。对于人员数量少、组织层级简单、规模有限的组织，举办一次性的动员大会就可以将动员意图传达给全部动员客体，省时省力。

培训参与作为教育动员的常用手段，一般用来提高志愿者志愿服务技能、增加对志愿者组织活动的认知。调查发现，大部分志愿者组织都很重视且愿意投入大量人、财、物到培训中去，甚至有些组织会将培训作为一项"服务内容"来开展，他们说："我们很注重义工教育和培训，请典型义工来做经验介绍。"(140102F_f2)可见培训对于志愿者动员的重要性与必要性，它不仅可以提高志愿者的志愿服务意识，而且还能吸收和学习到志愿服务领域最新的知识、技能，这都有利于志愿组织更好地开展动员活动："我们认为要培养专业性和中立性以及见识眼光。否则就光知道做项目，哪些投入是合理的，哪些经费是合理的？政府光采购给予我们钱，但

是到底该怎么做，大家都不知道。”(150527J_a2)

活动参与是行动动员的主要手段，指志愿者组织通过志愿活动本身来增强动员效果。“活动本身也是一种动员”是很多志愿者组织总结出的经验。志愿服务在进行过程中往往能够形成“围观现象”，旁人对于志愿者的所言所行产生好奇，受到感化，进而投入到志愿服务事业中，有不少被调查者反映：“很多人看到我们志愿者在做服务，都会跑过来问，我们的讲解也会促使他们对我们形成认同感，进而参加我们的志愿服务。”(140102F_f1)

五、印刷品

志愿者组织使用的印刷品主要包括图书、杂志、海报、传单等。调查发现，高校类志愿者组织倾向于频繁地使用传单。高校类志愿者组织的动员客体主要是在校大学生，由于课业时间的特定安排，选择学生们集中的课余时间向其发放传单即可高效、低成本地传达动员意图，如：“我们会在中午吃饭时候的高峰期，在食堂门口发放宣传单。而晚上则会在 9 点以后，去各个新生宿舍发放。”(150608A_b)

调查发现，对于许多资金宽裕的志愿者组织，发行杂志是常用的动员手段；有的组织还会少量出版年鉴和回忆录，起到铭记历史、宣传教育的作用。但总体而言，由于重复利用性差、制作成本高，许多志愿者组织并不常用这一动员手段。

六、命令

命令是指用强制性的指令动员志愿者参与志愿活动，通常体现为上级权威对下级发号施令，其动员意图外显，集中体现了组织动员方式的强制性。

政府类志愿者组织镶嵌于行政秩序中，志愿活动在一定程度上是等级化的日常工作的衍生品，其内部动员过程往往基于上级对下级的命令，如："领导组织下发通知，要求其下属单位成立志愿者服务队，我们只能根据具体情况，成立专门的服务小分队。"(150706B_f)而社区类志愿者组织的活动经费主要由政府部门拨款支持，因而也会受制于行政命令的压力，为配合政府活动和安排进行志愿者动员。

命令的不可抗拒性带来了高效率的组织动员，往往只需很短的时间就可将组织目标及规划执行完毕，如："院长特派岗实际上就是院长提出设想，由院办、社工办、老干部科共同协调操作的，此外还有医院团委发动青年团员参与，这样很快就把这个岗位及其所需相关支持工作落实到位了。"(150606A_e)

然而，这种不可抗拒性也引发了动员过程的僵化。常见的情况是志愿者只是被动员、"被参与"的客体，即使表面上参与了志愿活动，实则消极怠工，难以全情投入，正如有人所反映的那样："QD市卫生局搞的高级知识分子下乡活动，很多医生签到的时候会来，可一到乡下就跑了。"(140106B_f)

七、激励

激励是宣传动员的手段，即通过物质、精神等方面的刺激达到鼓舞被动员客体的目的，能够激发被动员者的积极性和创新性。调查发现，激励动员在志愿动员中十分常见，只有5.8%的志愿者表示其志愿者组织没有任何形式的激励。从形式上看，激励的表现手段主要集中于证书、奖杯、表彰、星级评定、荣誉称号等精神性奖励，物质性奖励则很少出现，或者仅限于水杯、帽子等聊表心意的小物件或者小额报销。有志愿者说："每次志愿活动后，我都会打电话给我们的志愿者，口头表扬表扬他们，他们也都很高兴。实质上，我们不能只让大家做事，不给他们一些奖励，毕竟我们需要大家长期过来，而不是来了一次就不来了。"(131208H_f)"主要是精神上的奖励，如开表彰会等。物质上的奖励基本上没有，一般就是发放一些纪念品。而且，有没有激励方式都不会影响（志愿者）参与志愿活动，并非是奔着物质性奖品来的，但是有荣誉傍身会有更大的动力。”(150619A_c)

不同类型的志愿者组织使用激励的频率和内容有所不同。例如高校类志愿者组织一般只使用精神激励手段，比如加“发展分”、评优时优先考虑、开会表彰等；而企业单位志愿者组织则比其他类型的组织更多地使用物质激励手段，如：“员工做了好事凡是被媒体正面报告，或者送锦旗、感谢信等的，进行物质奖励，范围在 500～3000 元之间。”(150707B_d)“会将志愿行为与绩效奖金挂钩，给予志愿者物质奖励。”(150706B_d)

物质奖励依赖于组织资源的丰沛程度。有些志愿者组织担心物质激励手段会导致无私利他的志愿精神失落，其实对志愿服务进行不同内容的激励与志愿服务精神并不矛盾，作为“人力资源开发与管理的重要内容”[①]的激励措施代表着组织对志愿者的重视程度，可以提高工作士气与满意程度。[②] 直接影响志愿者组织核心目标的实现和发展的可持续性。

八、感召

感召是指志愿者组织感化和召唤动员客体加入组织活动的过程，主要包括设立典型、榜样和精英动员等形式。

中国有着“精英崇拜”的文化传统，基层社会中政治经济文化精英通过为社会成员解决各类问题而获得尊重和名望。这种文化至今在社会治理和动员过程中仍发挥着作用。在志愿者动员工作

---

① 王春兰、袁明符:《我国社区志愿者的组织激励问题与对策研究——以广东×××联合会为例》,《广东青年干部学院学报》2011 年第 3 期。

② 参见缪建红、俞安平:《非营利性组织中对志愿工作者的管理》,《科学管理研究》2002 年第 1 期。

中，志愿者组织也常会重点动员具有一技之长、个人魅力或强烈热情的精英志愿者，并以他们为核心达成对更广泛志愿客体的间接动员。志愿者中的精英人物对组织精神的领会、对组织动员环境的了解和个人社会资本都比一般志愿者更胜一筹，以他们为重点开展动员可以节省组织的动员资源，提升动员效率，如："社区会进行骨干调动，就是主任号召。在 DL 社区，C 主任是个文艺热爱者，首先她以个人为单位，去联系社区内热爱文艺的群众，最后将他们组织起来，最终发展成社区的文艺志愿团队。"(150617A_c)

设立榜样使得志愿服务精神更加具象化、实体化，化身成为动员客体可以学习、模仿的志愿者同侪。榜样的道德示范性力量可以为组织挖掘潜在的志愿者，带动民众由旁观者转化为参与者。比如："有时候我们看到这些志愿先进个人都很感动，尤其是我们这位 Z 大姐，她患有严重的疾病，每天都要打三针以减轻病痛，但是她还是坚持参加志愿服务，为大家做奉献。看到有这样的人在身边，我们也会不自觉地向她学习。"(140102F_f1)

调查发现，大部分志愿者组织都认可设立榜样和精英动员的感召作用和对志愿者动员的正面意义。但需要警惕的是所谓的"志愿者动员暴力"，防止出现碍于情面或迫于权威而被动参与志愿服务的现象。

第三节　不同条件下的社会动员方式与手段

上述两节我们关注的是不同动员方式、手段之间的差异。但"在不同的时间、地点、条件下，社会动员的态势不一样，社会动员的内容、方式和要求也不一样”[①]。本节将分别对不同条件下的动员方式与手段展开分析。

一、常规条件下的社会动员方式与手段

常规条件下的社会动员是指在一般常态下的社会动员，目的在于通过频繁、持久的动员方式与手段推动公民志愿服务的价值观与态度发生变化，最终目标是通过解决那些“政府不灵”“市场不灵”但民众有需求的难题，推动和谐社会建设。

有学者认为，改革开放以来，我国的社会动员尽管丧失了常规动员的全能性，但在更大程度上激发了全社会的活力和创造力。[②]这与调查情况所符，与过去相比现代意义上的常规动员最大的不同在于，其主体变得更为多样，不再仅限于国家和政府的号召，而成为志愿者组织定期进行的日常动员工作。

塑造具有志愿参与精神的现代公民能动性是常规条件下社会动员的核心，动员主体需要保证志愿者的服务行为自发自主、真诚持久。宣传动员、教育动员和行动动员具有非强制性、侧重潜移默化的影响、生效周期较长的特征，较为适合常规条件下的社会动员。

> 像小型、常规的活动，(我们会)通过QQ群、网站发布活动通知，成员看到后相互通知，积极参与。个人的相互传播性比较小，主要通过QQ群里的团队负责人进行传播，团队负责人根据时间和团队情况与团队成员协商是否参与活动，除个别活动需要强制成员参与外，大部分活动是凭个人意愿加入的。(150520A_e)

① 甘泉：《社会动员论》，武汉大学博士学位论文，2010年。

② 参见徐鹏：《90年来中国共产党社会动员方法的历史考察与现实启示》，《西安社会科学》2012年第1期。

二、紧急条件下的社会动员方式与手段

紧急条件下的社会动员对于社会稳定和可持续发展具有重要意义。突发事件发生后，社会秩序的常态被打乱，社会运作相对混乱，此时必须通过紧急动员迅速协调各种资源，确保更多的志愿者投入到救灾之中，且能尽快吸收来自社会各阶层的救援物资。极端的例子是战时的志愿者动员，国家采取紧急措施，由平时状态转入战时状态，统一调动人力、物力和财力为战争服务，为此采用组织动员和宣传动员效果更突出，更利于资源的快速集中调配。另外，设立常态化应急机制是保证社会具有应对紧急条件的能力的前提，如："CR 公益活动中心组织大批志愿者组建应急献血队伍，为确保临床和突发事件血液供应的充分保证，建立健全日常防范与应急救援相结合的血液保障工作机制。"(140104B_a)

紧急条件下的社会动员以动员主体与客体权力关系的不对等为基础，国家与公共权力暂时享有优先权。在这一条件下，国家根据应对危机的需要，将志愿者从日常生活中迅速抽离出来，快速、高效地投入救援行动中。组织动员和宣传动员由于具有强制性、往往见效快、效率高。比较适合紧急条件下使用。大众传媒、命令、感召等动员手段亦将发挥很大作用。如汶川大地震发生后，政府部门立即利用新媒体和大众传媒号召公众参与抗震救灾，并通过各个全国和地方性志愿者组织统一动员、调配志愿客体。

三、大型活动条件下的社会动员方式与手段

在遇到大型活动时，志愿者组织倾向于使用组织动员与宣传动员方式。比如利用文化符号和艺术作品广而告之活动情况，吸引广泛的社会关注："遇到大型活动会做宣传海报，贴在公司大厅，人人都能看见。我们在公司还是有很大优势的，搞活动需要的海报、条幅、宣传资料等等，公司拨款没有问题。"(131209H_d)另外，

大型活动也要求协调调配大量志愿者，因此组织也需要使用强制化、成规模的组织动员方式。例如："重大志愿者日、活动宣传日等，会由集团总部的组织者进行项目组织和架构，并且统一组织、面向社会。"(150707B_d)

本章小结

在转型期的中国，志愿者组织动员混合了传统与现代的特征，行政化、组织化、一元化、运动化、意识形态化的动员模式与情感化、多样化、生活化的动员模式同时并存。本书以强制性和外显性为区分维度，归类出宣传、组织、行动、教育四种动员方式，其中组织动员和行动动员具有较强的强制性，宣传动员和教育动员的自愿性较强；组织动员和宣传动员直接外显地表露出组织的动员意图，而行动动员和教育动员则更多依靠无形的、浸润的环境。四种动员方式有着不同的作用机制：组织动员的核心驱动力是动员主体和客体之间政治性权力的等级分层，具有一定的权力不平等性质；教育动员以主客体间文化和道德资本的差异为基础；宣传动员则源于信息的不对称；而行动动员则集中体现了在志愿事业的"买方市场"中，志愿者组织必须以更为平等的身份吸引志愿客体参与服务。

不同的动员方式具有不同的优势和劣势，因此也适用于不同类型的志愿者组织和不同的社会动员条件，动员主体常常根据动员需要对动员方式作出策略性的选择和搭配。九种动员手段与四种动员方式具有一种松散的归属关系，如艺术作品属于宣传动员，参与属于行动动员，但这种对应关系并不是绝对的。组织动员与紧急状态下的社会动员、社区类志愿者组织与感召手段之间同样存在着类似的对应关系。因此，动员方式、动员手段、动员条件、志愿者组织类型之间的对应关系有着较为稳定的模式，但同时又是交叉的、可变的，在实践中可根据主体需要和客观条件而不断调整。

第三章　转型期志愿者组织社会动员的影响因素

转型期中国志愿者组织的社会动员包含了两层意蕴：一层是政府通过相关政策与资源引导志愿者组织参与经济社会建设，这种动员体现了国家与社会的互动；另一层则是志愿者组织通过开展丰富多样的志愿行动吸引民众加入组织，并以此实现组织目标，这种动员反映出社会组织对公民个人的吸纳。在转型期的中国社会，上述过程受到诸多因素的影响而呈现出不同的形态，本章将主要从宏观、中观及微观三方面进行分析。

第一节　志愿者组织社会动员的宏观影响因素

中国的社会转型在宏观层面主要体现为政府政策、意识形态、大众文化以及社会需求等方面的变迁，它们也是影响转型期志愿者组织社会动员的宏观因素。

一、转型期中国的社会需求

社会需求是促进民众参与志愿服务事业的首要动力。志愿服务的动员主体在发现社会需求后，通过各种动员方式与手段将动员客体协调和转换为社会供给方并传递到需求方，从而将社会需求的"拉力"引入动员之中。志愿者组织面对的动员需求大致包括如下方面：

（一）弱势群体需求

各类群体为自身的生存与合理发展会对社会及政府提出多样且复杂的需求，其中弱势群体的需求尤为强烈和迫切。长久以来，对弱势群体的关怀和支持一直是志愿服务事业的重点。随着我国市场经济改革与社会体制转轨的深入，政府难以全面满足所有社会成员多样化需求，加上经济收入、社会资本、教育等资源的分配不均，大量贫困群体尤为需要各类物质及精神方面的帮助，这就为各类志愿者组织的涌现孕育了契机。它们可以将动员来的社会资源与需要受贫困群体对接，解决后者面临的困境。譬如，留守儿童身心发育不良的问题已经得到许多志愿者组织的关注，后者通过各种动员方式号召志愿者对此展开帮扶。如：

> 在TA市，父母出去打工的留守儿童特别多。针对他们，我们开展了"快乐科普行"的活动，定期组织这些偏远贫困的留守儿童到科技馆、科普基地进行参观学习，进行一些科普宣传，并且定期到学校进行图书捐赠、环保宣传以及健康自助宣讲活动。(150527J_a2)

中国人口基数大，区域发展明显不均衡，政府福利难以全面惠及社会弱势人群，因而亟待志愿者组织的积极活动。这些受助人群的需求和期盼深刻影响了志愿服务动员的方向和水平，并对动员客体提出不同层次的要求与愿望，成为衡量动员效果的重要指标。

（二）公共领域需求

社会转型还给当今中国的社会建设和管理工作带来许多亟待解决的新问题，如环境保护、公共卫生维护、基层治安管控等。除了综合运用经济、行政和法律手段外，来自于志愿者组织的社会动员同样重要。譬如社区类志愿者组织就经常动员社区居民开展社区巡逻、垃圾捡拾、交通协管等基于公共领域需求的服务活动，这一方面直接为志愿组织的运作提供了广阔空间；另一方面也影响了志愿动员的内容与设计，促使志愿组织不断迎合社会公众最急迫的服务需求。

（三）任务性需求

任务性需求源自政府的行政压力，它直接来源于志愿组织与上级行政部门的互动。志愿者组织在面对被要求和被分配的不同动员任务时，所采取的动员方式、动员手段、主要面对的动员对象类型等都有所不同，并进一步影响到动员的效果和水平。在这里，行政压力成为连接服务需求方和服务提供方的纽带，而这种需求的核心是服从和配合。如JN市多个社区都表示，在“泉水节”“全运会”等大型活动时，会组织和动员大量面向社区内部的志愿服务，采用组织性、行政性等色彩浓厚的组织动员来进行资源卷入。同时，会根据活动任务的要求更有针对性地选择被动员的群体。如：“上面的人找到我们了，我们再顺着他的思路，与我们每个志愿者组织里的负责人商量，告诉他需要多少人、做什么事。在常态化运行基础上再进行加强，再组织一些人集中活动，会选择比较积极、比较年轻，能够适应这种活动的成员参加。”(150611A_c)

除社区志愿者组织外，具有政府色彩的志愿者组织更是积极响应政府部门的动员要求：

> 市级红十字会会在QD的大型的活动中进行动员，比如应急救护救援，就需要具有专业的志愿者去参与奥运会、登山大赛等大型赛事，红十字会作为救护志愿者一定参与其中。(150707B_f)

因此，基于任务性需求的志愿动员可能导致两种结果：一是志愿组织与上级部门配合默契，顺利完成动员和服务任务；二是因行政压力削弱了志愿组织的动员积极性，反而迟滞了志愿动员的进程。

（四）特殊事件需求

地震、海啸、传染病爆发等特殊事件也会对志愿动员产生强烈影响。这种影响的对象主要是专业性强、服务群体高度单一的一类志愿者组织，如医疗队、救援队等。此次受访的TAGYZYZ协会就涉足灾害救援领域，为解决特殊事件引发的问题动员了志愿者，如："像岷县的泥石流，我们都派遣志愿者去了，这些工作人员里面就有我们自己组织的医疗队的人。"(150527J_a2)

综上所述，不同群体、不同状态、不同环境下的需求，推动中国志愿动员从单一的政府动员转向社会与政府携手动员，这种动员主体的转向不但直接回应了转型期社会对公益志愿事业的多样化需求，而且还为转型期的社会公众提供了集体行动的平台，促进了普通民众的社会参与。

二、政府推动与法律法规倡导

志愿服务是公民自愿参与、服务社会和他人的行为，由于它具有促进社会文明、提升公民素质、扶助弱势群体、维护社会秩序等积极作用，越来越受到政府的重视、倡导和支持。改革开放以来，中国政府倡导、鼓励、规范志愿服务事业发展出台了一系列有关政策，对动员民众参与志愿者服务、调动志愿者积极性发挥了重要作用。

2006年4月，国务院在《关于加强和改进社区服务工作的意见》中强调，要"积极动员共产党员、共青团员、公务员、专业技术人员、教师、青少年学生以及身体健康的离退休人员等加入志愿服务队伍，优化志愿人员结构，壮大志愿人员力量。"2007年，中共中央在《中共中央关于构建社会主义和谐社会若干重大问题的决定》中提出："以相互关爱、服务社会为主题，深入开展城乡社会志愿服务活动，建立与政府服务、市场服务相衔接的社会志愿服务体系”。党的十八大报告提出“广泛开展志愿服务”的新要求、新号召。2014 年发布的《国务院关于促进慈善事业健康发展的指导意见》专门强调，“鼓励和支持社会力量以扶贫济困为重点开展慈善活动”，“动员社会公众积极参与志愿服务，构建形式多样、内容丰富、机制健全、覆盖城乡的志愿服务体系。”党和政府对志愿服务事业的倡导和规范，对于转型期志愿者组织开展广泛的动员工作是极大的鼓励与方向性指导，体现了国家高度重视。对于动员客体而言则可以产生行政性的动员效果，因为它代表的是政府公共管理事业未来的发展走向，体现了政府对民生民意的关注。

近几年，山东省志愿者服务事业发展迅速，志愿者队伍不断壮大，志愿服务质量不断提升，同样与政府的大力支持密切相关。当地政府转发和出台了一系列推进和规范志愿服务的文件，如《山东省文明办、山东省民政厅、山东省教育厅、共青团山东省委转发〈中央文明办、民政部、教育部、共青团中央关于规范志愿服务记录证明工作的指导意见〉的通知》（鲁民[2015]62 号，2015 年 9 月 23 日）、《山东省文明办、山东省民政厅、青团山东省委转发〈中央文明办、民政部、共青团中央关于推广应用〈志愿服务信息系统基本规范〉的通知〉的通知》（鲁民函[2015]235 号，2015 年 10 月 21 日）、《山东省精神文明建设委员会办公室关于印发〈山东省推进志愿服务制度化实施方案〉的通知》（鲁文明办[2014]9 号，2014 年 7 月 9 日）等等，对于全省志愿服务事业的快速发展发挥了重要的导向作用。有关部门还对志愿服务细节工作作了部署，如在《山东省人民政府关于贯彻落实国发[2014]61 号文件促进慈善事业健康发展的意见》中，就如何建立全方位的慈善政策支持体系，提出相应的支持办法：“有条件的地方可根据实际情况安排资金，解决志愿服务活动场所、资金保障、业务培训、救助因从事志愿服务活动遇到特殊困难的志愿者等问题。”①

政府鼓励性的政策支持，对于志愿者组织优化动员效果意义重大。长久以来，中国各类社会组织的发展，高度依赖行政性政策。上述政策和文件的出台，意味着政府将加大对志愿服务事业的资金、人力和物资投入。对于志愿者组织而言，意味着可获取更多的动员资源。调查表明，获得政府、基金会等部门资助的较为成熟的志愿组织，其动员方式、激励措施及宣传手段更加多样且有效，规模小、资源获取少的志愿组织，动员时则显得力不从心。

从具体的访谈情况看，志愿者组织十分看重来自政府的支持和帮助，希望政府能增大扶持力度："渴望政府在经费保障上形成支持机制，使得志愿活动具有持续性。”(150706B_f)针对志愿者的问卷数据显示，有54.7%的志愿者希望政府为志愿服务事业的发展，提供“制定相关法规”的帮助；64.2%的志愿者认为阻碍志愿者组织发展的外部因素是“缺乏政府和社会的资金支持”。另外，志愿者中有74.9%的人最希望政府“将志愿工作经费纳入政府财政预算”。

中国志愿者组织建设的先决条件是体制改革和政府的支持，正是党和政府深刻认识和理解了志愿者组织在经济社会发展中的积极作用，为志愿者组织的生存和发展开辟了活动空间，该类组织才得以发展。但同时也要看到，现代意义上的志愿者组织在我国还属于少数，如果能够借助政府的政策、财力等帮助，它一定会获得更快、更健康的发展。

三、社会文化

在考察志愿组织社会动员的框架和结构时，许多学者均强调

---

① 《山东省人民政府关于贯彻落实国发[2014]61号文件促进慈善事业健康发展的意见》(鲁政发[2015]16号)。

文化对其产生的影响，认为动员框架的转变背后体现的是框架与集体运动在不同宏观文化情境之间中的微妙联系。[1] 志愿服务的动员过程总是存在于一定的文化背景与情境中，动员主体在发出动员意图时，不可避免地会受到社会文化因素的影响。在中国社会，传统文化与现代文化、本土文化与外来文化交互交织，共同影响着转型期志愿者组织的动员工作。

(一)传统文化的继承与影响

中国志愿服务的价值体系受传统文化的影响颇深。儒家文化提倡的“仁爱”，正是志愿精神的精髓，它对世俗的态度是强调“入世”，对社会作用力的侧重点是“治人”，人文特征追求人的“道德化”。[2] 儒家文化的代表孔子曾提出：“为仁由己，而由人乎哉！”[3]这里强调的是主动实践“仁”，而非被动参与，这与现代志愿组织在社会动员中倡导的积极、主动的社会参与相契合。佛家的“慈悲、关怀”思想对中国志愿文化产生了巨大的影响，它强调“人与心作为社会关系的接入点”，并将此生的善行转变为“功德”，尤其是大乘佛教提倡的“利他济世”的观点，从伦理、修行的角度为志愿动员拓展出一定的文化氛围。它们都是当代志愿者组织社会动员的基石，深深影响着社会动员的文化氛围和行为动机：“做义工也是中国传统文化的体现，义工的理念能够净化心灵。”(140103F_c)传统文化的培植为转型期中国志愿服务事业提供了文化土壤，潜移默化中影响了志愿者组织社会动员的效果。

(二)当代志愿文化的深入与发展

当代志愿文化在中国建设、改革时期主要以雷锋精神突出表现出来，大大激励了志愿者的服务行为：“我们是在学雷锋的那个

---

① 参见夏瑛：《从边缘到主流：集体行动框架与文化情境》，《社会》2014 年第1 期。

② 参见陈庆之：《充盈在传统文化中的志愿精神》，《社会与公益》2011 年第 2 期。

③ 《论语·颜渊》。

年代过来的，我们的思想基础都比较正，大家的爱心很容易被激发起来。”(140103F_e)同时，政府也通过树典型人物活动将雷锋精神作为志愿事业中一个更具代表性的文化符号，号召公民参与志愿服务。如在2012年3月1日，中共中央办公厅印发了《关于深入开展学雷锋活动的意见》，意见中明确指出：“认真贯彻落实党的十七届六中全会精神……广泛开展学雷锋实践活动和社会志愿服务活动……形成我为人人、人人为我的良好氛围。”

社会主义国家集体主义文化强调“集体优先，互助合作”的精神价值，受此文化熏陶的志愿者及公民更易于参与志愿活动。“我发现社会上有很多人需要我们帮助，现在国家还没有能力考虑到方方面面，这时候我们就能为国家、为社会做点事情。”(140103F_c)经历过社会主义建设、改革开放等多个重要历史时期的中老年社会阶层志愿者，深受集体主义的影响，他们认为：“国家日益发达，人的思想素质和道德素质也应该提高。”(140103F_c)调查发现，这部分人群较其他年龄阶段的志愿者而言，其志愿服务意识与其成长时期的文化氛围有相当大的关系。

（三）外来文化的传播与扩散

西方发达国家的志愿服务历史悠久、文化积淀深厚，有着较高的公众认可度。改革开放后，西方发达国家的志愿服务理念和经验逐步传播到中国社会，成为人们借鉴的精神资源。它对中国志愿者组织动员最直接的影响表现为：(1)人们受西方志愿精神理念熏陶和教化后，形成中国本土化的志愿服务理念和具体的志愿服务行为。(2)依据自身社会网络资源，通过具体服务行为、情感感召等手段向更多的人传输志愿服务理念，这种理念由于内化的作用力更强调以“近社会、近生活”的内容为依托，动员他人进行志愿服务活动，体现出典型的志愿服务活动的文化卷入途径，即文化输入—自我内化—文化输出。

不同国家、不同时期下的文化熏陶对志愿组织动员具有显著和深远的影响。国家与社会应重视和正确对待传统文化和外来文化的影响，通过现代传媒的传播，提高公众辨识志愿服务动员信息真伪的能力，为志愿服务动员理念的培养构建良好的文化氛围。

第二节　志愿者组织社会动员的中观影响因素

影响志愿组织社会动员的中观因素主要指志愿者组织的理念、文化和制度；它们反映了志愿者组织举行服务活动的特异性，对吸引志愿者和民众参与具有重要意义。具体体现在以下六个方面。

一、志愿活动内容及其项目设计

调查显示，高达52.3%的志愿者认为“项目缺乏吸引力”是造成组织成员流失的主要原因，42.3%的志愿者认为“服务内容单调乏味”是造成志愿者人员流失的主要原因。访谈中有志愿者谈道：“由于志愿服务活动不够丰富，许多志愿者做志愿服务的愿望还没有实现，其自身的热情就没了，所以很多人（组织内志愿者）参与活动的积极性不高。”(150608A_b)这说明志愿活动项目和主题的设计是影响社会动员效果的重要因素。因此志愿者组织在设计项目架构和主题时，要结合志愿者多方需求有针对性地筹划，以保证动员效果。

从调查资料看，在动员方面较为成功的志愿者组织，其活动内容与项目的设计通常具有以下特点：

第一，依据组织自身资源的可触及性及便利性，结合志愿者的本职工作或优势爱好，设计更具有针对性的活动内容。例如，JNQC内部的一个团队将服务对象明确分为“汽车站站内旅客”和

“汽车站站外弱势群体”两大类，在此基础上开展与志愿者工作性质相关的活动，一方面保证了志愿者的数量和质量，另一方面也保证了活动内容的丰富性和专业性，从而吸引到更多组织内部成员加入服务活动。

同时，相当多的志愿者组织善于利用和整合组织内外资源，加强与社会资源的流向互动，保证志愿服务活动内容更贴近日常生活、贴近社会，进一步加强了动员力度。比较典型的如JNBG社区志愿者组织，它常将社区内需求与社区外专业资源相结合：“像‘和事佬’志愿队，一开始只有两三个做得好的，他们就凭借着热心去做，但是不行啊，法律知识的缺乏，还有具体事务的缺漏，有些问题是‘和事佬’志愿队无法解决的，于是就会从外请律师志愿队伍为‘和事佬’志愿队培训、提优。一般像家庭邻里、婆媳关系的矛盾，‘和事佬’能调解的，我们就不大请人家律师来了，但是一旦牵涉到法律知识的问题，我们就把它积攒起来，等律师志愿队来了后，请教人家。”(150611A_c)该志愿队在进行志愿服务帮助时，遇到无法解决规范化的法律问题，会利用和引进社区外的律师队伍定期到社区进行支援服务，形成资源对接：一方需要专业、可提供咨询的律师团队；另一方则践行知识公益性，利用自身专业素养与知识进行志愿服务。

第二，尊重志愿者人力资源时空分布的特点，缓解因争夺义工资源而造成的冲突与矛盾，利于保持动员效果，调查时有志愿者说：“一般地，最主要的活动集中时间是3月第一周和重阳节。目前，JNQC义工各种活动类型很丰富，在时间分布上基本实现了分散化，但是在个别时间段仍然会不可避免地与其他活动有冲突和重叠。所以有时会特意避开高峰。另一方面，服务对象也会根据服务质量和效果，以及是否能够坚持作出选择，目的就是在重叠的活动与团队中选择最合适的。”(150520A_e)

另外，活动反馈的效果和意义也会影响动员效果。志愿服务本是追求奉献自己、服务他人的行为，良好的活动效果能促发志愿者坚定志愿信念，当自身志愿行为得到社会大众的认可、赞扬时，便产生二次动员的效果，志愿者的志愿精神及行为便能得到很好的维持。

二、志愿者组织的激励与监督制度

激励是激发人的行为动机的方式，它通过各种内在、外在刺激引发和增强人的行为的驱动力，并在此基础上将其内化为个人的自觉行为。监督则是指监督主体对客体所负责的具体职能督察跟踪，以加强工作执行力与完成度。在志愿服务活动中，二者对动员的影响环节和程度不同，前者类似于“进”，占主导成分，激励手段的强弱可直接影响动员效果；后者则是“出”，是志愿服务活动的收尾工作，服务对象的认可和真实反馈程度，会直接影响志愿者对下一志愿服务项目及活动的参与热忱。

（一）激励制度

志愿者组织激励制度的主要形式为两种：①通过口头表扬等非正式手段进行的激励；②通过证书、奖金、荣誉勋章等正式手段进行的激励。调查显示，有71.7%志愿者认为志愿组织在社会动员方面最应该注重的是“建立一套有效的激励机制”。如：“在站区‘年度优秀工作者’等职工评优工作中，义工服务被作为参考标准之一。”(131210H_d2)“我们社区主要是精神上的激励，如开表彰会等。物质上的奖励基本没有，最多就是发放一些纪念品……大家并非是奔着物质性奖品来的，但是有荣誉傍身会有更大的动力。”(150619A_c)

调查时发现，有不少志愿者组织并无完善的激励制度，通常只是以国家或地方性的有关条例作为行为标准，这与志愿者内心的需求衔接不上，同样影响志愿者的积极性，他们说：“我们义工团没有专门制定相关成文制度，只是将慈善总会制定的《慈善义工条例》发布在单位内部网上，供义工学习，并且在具体活动前会强调注意事项。”(131209H_e)如何根据国家的部署和志愿者的需求设计，根据志愿者的需求制定组织激励制度是所有志愿者组织必须面对的问题。

对于激励的积极意义，调查显示，高达93%的志愿者认同“激励对动员更多志愿者参与有价值”。志愿服务的前提是自愿性和无偿性，帮助他人不图报酬是志愿服务的精髓，但不为报酬并不意味着志愿者无需激励或回报。否则的话，持续性的志愿行为将受到限制和阻碍。志愿者开展服务活动时，存在一定的心理期待，若志愿效果的回馈无法达到其期待，则会产生失望情绪，影响志愿者的后续行动。可见激励制度对于志愿者组织动员起着“助燃剂”的作用，采用何种方式进行激励，取决于组织资源、志愿者类型等多个方面。

(二)监督制度

就完整性、系统性、规范性而言，现行的志愿者组织考核监督制度大多是非正式、无文字章程的，一般根据志愿者组织内部商议出的标准，由精英人物实施考核监督制度，停留在“自己的事，自己说了算”的地步，有的组织者告诉我们：“组织没有建立明确的绩效考核，因此也没有激励机制，但是公司会根据员工的表现重点发掘培养，并对其进行适当的提拔。例如我们在做义工服务的时候，就会偷偷观察谁比较积极，然后他就有可能得到一定的提拔。”(131210H_d1)

尽管这仍然是一种“人治”而非专业化的管理制度，但一定程度上适应了当前志愿者组织运作的现实，如：“对于具体工作，如果用很成文的一些条条框框来规制大家的话，可能会带来一些更加不好的影响，而靠大家心里都有一些心知肚明的事情来约束义工行为可能效果会更好。”(131215H_a2)

随着志愿服务事业的发展，简单、硬性的考核制度也显露出一定的滞后性，影响了志愿者动员的水平，比如："考核这个事情不好说，因为我们本来就是献爱心的，再说人家做得不好也不合适。本来我就是付出我的时间、我的精力、我的金钱，你再去给我评价，这个不太好操作，下次再做的话会影响大家的积极性，服务应该是一个自觉的行动。"(131208H_f)究竟该不该考核，以及是用成熟规范的法律条文去约束志愿者还是用人性化、松散的情感激励去鼓励志愿者，这都要视具体情况而定。如有些志愿者组织就非常注重专业化、制度化的条文，认为："没有一个制度性的东西，很多东西就会寸步难行。"(140102F_f1)从志愿动员的实际情况出发，不同的组织根据动员客体的属性及特征，有针对性地采用合适的监督方法及机制更为有效。

三、志愿者保障制度

(一)志愿者权益保障

志愿者参与服务活动时，有可能带来一定的风险，能否对志愿者提供基本的安全保障直接影响到动员工作的效果。从调查情况看，目前还存在一些问题，最为典型的是有些组织在进行户外救援时，竟强迫志愿者签订"生死状"，声明若志愿者在服务中遭遇事故不能要求志愿组织赔偿。这从侧面反映出组织动员时面临的两难状况：一是从志愿者方面而言，出于对个人安全、健康的考虑，志愿者及其亲友可能不太支持其参与志愿活动尤其是高安全风险的志愿活动；二是从志愿组织方面而言，志愿者志愿服务过程中真正遭遇意外伤害事故后，志愿组织承担医药、康复等费用及对成员精神抚慰的压力也是极大的。一个普通的例子是关于青少年志愿者安全问题："带学生出去的时候特别担心，一般要告诉学生，到家的时候发个短信。"(131208H_f)如果志愿者权益得不到有效保障，会对志愿者动员效果产生负面影响，甚至直接伤害志愿者参与活动的积极性。

（二）志愿者物质保障

志愿者物质保障主要指组织者提供的资金、活动场所等方面的保障状况。调查发现，物质基础好的组织，能减少志愿者后顾之忧，包括支付志愿者服务时的车费、食宿补贴等，甚至还会购买人身意外保险，有利于动员志愿者参与并防止志愿者流失。志愿者的服务并非免费午餐，尊重他们劳动成果和时间付出才能动员到更多的志愿者。

四、志愿者组织领导与核心成员

志愿者组织的精英或领导者的专业化程度、组织号召力、个人魅力等因素都对志愿组织动员产生重要影响。从实现路径上看，强调精英文化的组织动员，呈现出一种自上而下的垂直型的动员路线。调查发现，几乎所有类型的志愿者组织都倾向于抓住典型先进事迹进行动员，将志愿者对先进人物精神和行为的尊崇，转换为志愿服务的内驱力，在组织内部形成凝聚力，在外部形成品牌力，利用榜样的力量吸引和动员更多志愿者，正如一位社区志愿者所说："作为精英人物或者骨干，在志愿活动参与上积极主动，通常会带动本社区居民和身边的人积极参与，在参与过程中，进一步提升自己的权威，以服众并发挥作用。"（150617A_c）榜样或精英的号召力和鼓舞力量，往往源于其自身在一线奉献的实践行为及精神，能带动和鼓舞更多志愿者加入组织。

由核心人物产生的动员影响，主要是依据其个人的社会网络进行传播，为组织卷入更多社会资本。社会资本与社会网络的关系，即社会资本要通过网络得以传递，而社会网络的意义由社会资本体现出来。在动员核心人物时，这层关系结构尤为突出：活动及项目的主要负责人是他们，主要谋划者也是他们，再由他们将志愿精神向周边的志愿者扩散，逐渐形成有序的资源网。如："当碰到大型活动时，会根据上级指导部门的需要，召开志愿者骨干、精英论坛，再由精英们根据活动项目的需求去通知和选择志愿者。一般是有大型活动时，上面的人找到我们了，我们再顺着他/她的思路，和我们每个志愿者组织里的负责人商量，告诉他需要多少人，做什么事。”(150611A_c)这种现象不仅发生在社区型志愿组织，而且企事业型志愿组织、高校型志愿组织等也表现出同样的情形。

总之，榜样、精英的带头作用往往能给予组织动员更好的契机，骨干精英的志愿精神和服务热情直接有效地影响其他志愿者的积极性和认同感，进而影响志愿者组织动员的水平和效果。

五、组织关系网络

嵌入性理论主张，任何社会行动都嵌入在社会关系网中，对社会行动、社会制度的探讨，应置于社会关系的分析基础上。对社会动员的分析也应如此。组织关系网络最典型的特征是界限明显，它会清楚地划分内部人与外部人。通常情况下，内部人之间的交往是有清楚规定及权责范围的，与外部人之间的互动则以资源共享为主。界限明显的组织关系网络是影响志愿者组织社会动员的重要因素之一，反映的是组织与其他外部人之间的互动关系模式。本书主要论述志愿者组织与政府、某个志愿者组织与其他志愿者组织两组关系。

首先，对于非政府性志愿组织而言，来自政府的奖励对于动员和组织志愿者进行服务活动意味着丰沛的资源和强劲的动力，能起到不同于志愿组织内部精英人物的动员作用。如 JNYY 社区的志愿者所言：“如果市长或者书记能够当面对我们进行表彰，或者仅是几句支持鼓励的话语，对于我们也是十分重要的。”(150619A_c)调查显示，志愿者认为组织在动员方面最应该注重的是“领导人的高度重视”。志愿者在为社会及公众进行服务后，若能得到地方、国家领导层的关注及认同，就能鼓动更多社会成员参与志愿服务活动。组织与政府关系的密切程度也能影响动员效果，即联系密切的志愿者组织，能获取更多官方资源，特别是官方媒体宣传代表着政府对组织志愿活动的认可程度，直接影响了潜在志愿者对组织志愿服务事业的关注度和信任力。各类志愿者组织都普遍重视与政府的关系："我们会注意保存领导走访资料，一方面为走访服务，另一方面作为民政局递交的材料，同时在网站上进行有效保护的宣传，号召更多的人参与到捐钱捐力中来。"(131214H_a)

政府与组织的关系结构对志愿者动员会产生影响。在单一性的政府—组织关系中，政府性的行政力量大于组织内部动力，通常是政府命令、组织服从的关系，对于志愿者动员过程而言，有可能造成志愿动员效能的低下，正如志愿者所反映的："我们与政府的互动较少，政府只负责下达指示，我们和他们协调起来比较费劲。"(131217A_e)因为这种关系，只是政府下派任务给志愿者组织，组织进行具体操作，并将最终结果和活动效果反馈给政府，政府再以此作为公共事业管理的成果考核。在双向性的关系网络中，志愿者组织的动员动机所占比例则较大，政府只起着引导作用："政府参与动员志愿者开展活动，例如菜单式服务，其实质就是政府引导社会组织参与志愿服务，满足人民生活需求。"(150527J_a1)

其次，通过关系网络，可对社会动员产生重要影响，主要体现在与其他组织进行资源共享、经验交流等。二者之间的关系模式可分为三类：一是资源共享型。以相互平等的态度进行资源融合，交叉分享，像志愿者所说："JNQCBZ 可以拿出它的服务理念培训，医院可以拿医疗方面的知识来培训，慈善总会可以拿法律法规来培训，这就是资源共享。"(131208H_f)二是学习模仿型。即自身发展弱势的志愿者组织引进发展良好组织的活动、项目和经验，为自身发展助力，如："最初的公益之路完全是以谦虚的态度学习别人的先进经验，不断咨询，不断地和别人交流，南方莉姐助学基金以及成都的老黑，他们都是草根里做得非常不错的人物。因为已经有了成功的运行模式，所以很有借鉴意义。我们通常会到网上去看他们的相关资料，也会在群里（此处指 QQ 群和微信群）观察，看他们是怎么运作的。"(131214H_a)三是竞争关系型。资源多、规模大的组织，能动员到更多潜在成员，这是资源市场化的必然结果，如："学校的志愿者团体之间有竞争，与校外的志愿者团队之间也有竞争，因为活动内容有重叠。但是 JNQC 义工这个会更权威，也更全面一些。因为学生自己的志愿者组织没有挂靠，但是我们是挂靠 JNQC 义工的，所以民众对我们比较信任。"(131221A_e)

调查发现，志愿者组织能够将人脉关系转化为推动项目的力量，提高动员的效果和水平："有时参加峰会，不断认识更多的力量。在做的过程中，在向别人学习的过程中，别人也会给你提供资源，例如腾讯的微公益活动。我们也会向基金会寻求求助，比如中国河北佛教慈善网、中华社会救助基金会聋儿康复项目、北京世纪慈善基金会等等。还会向爱心企业寻求帮助，以及向外部义工组织寻求帮助。例如在 ZCWLAX 团队于北京从事相关工作时认识了北京的义工，后来有一个项目需要带当地的孩子去北京，此时就与北京义工合作，由他们负责接待工作。"(131214H_a)

六、组织亚文化

组织亚文化是指与主流文化相对应的次级群体文化，它包括群体成员的行为习惯、价值观、精神理念、规则指令等，志愿者组织内部成员一般需要共同遵守。

从动员方式及手段的选择而言，不同动员主体会有不同倾向性。譬如，企事业志愿者组织群体的亚文化强调的是企业领袖文化对内部动员客体的熏陶，侧重于利用领袖精英以及精神激励与物质激励相结合的手段对部门人员进行动员；而社区志愿者组织的群体文化表现为社区居委会对组织活动的重视、精神激励手段的经常使用以及社区居民对志愿者组织的高度认同与支持，但对志愿者物质激励并不重视。

第三节　志愿者组织社会动员的微观影响因素

一、志愿者的服务时间

有组织、成规模是志愿服务活动的基本要求。志愿者个人必须花费和协调业余时间统一参加服务活动，这也是影响动员效果的重要微观因素："义工服务的时间是业余时间，八小时之外，而有的人没有时间，则很难聚集在一起。"(140106B_f)许多志愿组织发现了这一问题并灵活制定规则予以解决，如："从事公益服务会记录工作量，并与精神文明奖、晋升、推优、入党等激励措施挂钩。但由于轮流服务的工作性质，不大看重个人层面的时间积累。"(140107B_d)总体上看这并未成为志愿服务的正常开展的障碍。

二、志愿者的服务动机

一般而言，志愿者的服务动机可分为利己型与利他型两种。前者常因为获得一定的学分、社会经历、提高社会地位、增加求职面试机会，或为扩大人际交往范围、建立社会网络等目的而参加志愿服务;后者则是为弘扬志愿精神、助人利他、促进社会和谐而参与志愿服务。调查显示,志愿者服务动机呈现出复合型、多元化的特征,这与学界既有研究成果相印证。①

志愿者服务动机不同,其参与志愿服务的热情也不完全相同,一般来说利他型动机的志愿者更倾向于参与志愿活动,也是大多数公民加入志愿者组织的主要动机。具有这种动机的志愿者不必动员也会自觉参与志愿服务,或者一旦遇到组织动员则会毫不犹豫地参与。还有一些志愿者参与志愿活动是为了实现自我价值,他们能"有一种愉悦感,能体现自己的价值,尽自己一份力量"。(131209H_e)这类志愿者一般也会积极配合动员并保持一定的服务热情。

调查还发现,有些志愿者是抱着减少代际间矛盾、维持家庭和谐、让下一代接受慈善助人熏陶的动机参与服务的,这种动机驱动下的志愿者会积极动员家庭成员加入到志愿服务中,从客观上强化了志愿动员的效果。一位老志愿者告诉我们:"我觉得做义工对我个人来说,最大的意义就是教育下一代。我外孙子今年上初一,他三年级写了篇作文都是帮助别人的,当时我很受启发。我做义工的时候带着孙子一起做,对孩子很有启发,我做义工也能慢慢地影响他,让他从小树立正确的世界观。"(140103F_c)

三、志愿者的社会资本

美国社会学家帕特南认为,"社会资本已经不再是某一个人的资源,而是全社会的资源。所谓社会资本,就是以个体为中心所形成的一个关系网络。它不是先天形成的,而是后天不断积累和发

① 参见贺红霞:《关于大学生志愿者服务动机的调查研究》,《高教研究与实践》2013年第1期。

展起来的。它可以给处于这个网络中的人带来积极的结果。"[①]个体的社会资本包括人脉资源、社会信任以及社会支持网等，它们对志愿动员具有重要影响。

一是人脉资源。志愿者的人脉资源对于志愿者动员有重要作用，比如："我们都是通过强强关系中的小关系联系在一起的，先做情后做事，先有感情后来才能在一起做事。"(150527J_a1)志愿者可通过血缘、地缘及业缘不断扩大其所在志愿者组织的动员范围："安监局的一个志愿者，他用他的方法去宣传，整个单位和朋友圈都被带动，大家有事都去找他，立马见效。"(150527J_a1)

二是社会信任。这是社会网络资本的一种表现形式。利伊伯尔曼认为，现阶段社会的社会信任关系已由死板的合同关系转变为托付关系。这种当代社会表现出的社会信任关系不同于早期传统社会以家族、血缘关系为纽带的责任托付，它建立在人们把自己的利益押在假定一般人是有能力并有责任感去履行他人托付给他们的事务。[②] 志愿者组织的社会动员就是典型的托付关系，资源充沛的一方将可提供的渠道、资源及人脉等托付给有能力、有责任感的另一方，让后者及时有效地开展志愿活动，因而享有高度社会信任感的志愿者组织就能动员到较多志愿者。正如一位调查对象所说，在针对企业家的动员中"你得有你的位置，你得有你的公信力。你值得人家信赖、尊敬，人家才会和你玩"。(150520A_e)

三是社会支持。社会支持网络是由具有相当密切关系和一定信任程度的人所组成的。[③] 支持的形式主要有精神支持、财务支

---

① 帕特南：《使民主运转起来》，江西人民出版社 2001 年版，第 85 页。

② 转引自唐有财、符平：《转型期社会信任的影响机制——市场化、个人资本与社会交往因素探讨》，《浙江社会科学》2008 年第 11 期。

③ 参见张文宏、阮丹青：《城乡居民的社会支持网》，《社会学研究》1999 年第3 期。

持、工具支持及社交支持等。调查显示，个体的社会支持越强，志愿者组织越容易动员其加入志愿服务活动，其作用机制有三：一是服务对象的认可。来自服务对象的认可让志愿者获得满足，因此更期待在志愿者组织中进行持久性服务，正像志愿者说的那样："他们大多是社会底层人，很容易满足。很多人把我们的行为当作是党和政府的福利。因此我们更愿意继续做。"(131209H_d)二是亲属、朋友及熟人的支持。来自亲密关系、强关系上的精神及财务支持能为志愿者提供源源不竭的服务动力，降低了志愿者因家人不支持而造成的流失，这也从客观上维持了志愿者组织的动员效果。"我们员工的家庭很支持，也很认同我们组织员工参加这样的活动。"(131210H_d1)三是社会公众的尊重。公众在态度及行为上的尊重与支持属于弱关系带来的社交性支持，其影响较强关系的支持为弱，但对员效果同样具有积极作用，即获得更多社会大众尊重与认可的服务行为可以吸引更多民众加入。

本章小结

志愿者组织社会动员主要受宏观、中观及微观三方面因素的影响。现实社会需求、政府推动与法律法规倡导以及不同文化的融合在宏观上影响着志愿者社会动员的方向与力度；志愿者组织自身的活动内容及其项目设计、组织动员理念、激励与监督机制、权益保障与物质保障、组织关系网络以及组织亚文化直接影响志愿者组织的动员效果；志愿者服务时间、服务精神、服务动机与社会资本则在微观层面对动员效果产生着较大的作用。三种层面上的影响因素并非单一作用于社会动员的过程中，而是共同影响志愿者组织的动员行为，且对动员效果起到一定的导向作用，既包括正向促进，也包括反向抑制。宏观层面的影响大多是间接、浸润式的，譬如社会文化、社会需求等，这些因素对志愿者组织社会动员起到的作用是价值观、理念层面的导向；中观层面的影响则与动员主体的组织背景、主导力量、服务内容、项目形式等有密切关系，组织成熟程度愈高、项目内容愈丰富的志愿者组织一般动员效果愈好，动员实践多样性也愈加明显；在微观层面上，志愿者是否愿意抽出业余时间、志愿者的服务动机以及社会资本对志愿者的动员会产生重要的影响。一般而言，认知层次高的志愿者往往无须特别动员就会自主加入组织；抱有强烈利他助人动机的志愿者更倾向于参与志愿活动；志愿者的人脉关系、信任与社会支持网络亦在一定程度上有助于争取更多的动员资源。

第四章　转型期志愿者组织社会动员的功能与价值

党的十九大报告明确指出，我国社会主要矛盾已经转化为人民日益增长的美好生活需要和不平衡不充分的发展之间的矛盾。作为社会福利体系的重要补充，志愿组织依托社会化的动员方式，将积极助力于解决新的社会主要矛盾、推动社会治理体系不断创新发展。志愿者组织的社会动员不仅仅是一种独立于政府和市场的第三方行为，而且是一整套涵盖动员主客体、动员方式、动员技术、动员渠道在内的相对独立的作用体系，对吸引更多民众参与志愿服务、弘扬"奉献、友爱、互助、进步"的志愿精神、倡导践行"行善立德"理念、增进人际和谐与社会向善、引导民众主动参与社会发展并自主解决问题具有十分重要的功能与价值。

第一节　志愿者量与质的提升

人力资源、物力保障和财力基础既是志愿服务活动开展的必要条件，也是志愿服务事业持续发展的重要支撑。作为志愿服务人力资源中最重要的部分，志愿者既是志愿服务活动的主体，也是志愿服务事业发展的核心要素。没有一定数量与规模的志愿者，开展志愿服务活动就是一句空话。

在志愿服务事业发展前期，政治化的志愿动员方式为志愿者参与提供了合法性依据，并在全社会广泛酝酿形成浓厚的参与氛围。尽管组织成本和机会成本较高，但凭借持续性的广泛影响和资源整合优势，体制内动员可在短期内聚集大批志愿者满足社会需求，在举办大型赛会、抗震救灾等突发危机事件中作用明显。受"强政府弱社会"模式的影响，社会化动员手段则长时间处于弱势地位。在全面深化改革、不断推进国家治理体系和治理能力现代化的进程中，民间志愿者组织的动员意识日益觉醒，社会化的动员手段和动员方式日臻成熟，政府相关部门以及越来越多的志愿者与民众逐渐认识到社会化动员方式对推动志愿服务事业发展的意义与价值。伴随国家与社会的良性互动，志愿者组织的社会动员机制日渐形成，动员空间持续扩展，促使志愿者队伍不断壮大，服务质量持续提升，为志愿服务事业的健康发展提供了基础性保障。

一、志愿者数量的持续有效增长

不可否认，志愿者数量的持续增长与政府有关部门的动员密切相关。就山东省而言，据前期统计数据显示，全省 17 市中有 10 个市在市文明办设立了志愿服务科，12 个市成立了志愿者协会或联合会，初步奠定了志愿者动员的组织基础。除此之外，山东省各地普遍建立了志愿服务网站，依托基层党组织、高校、文明单位以及社区物业服务企业，充分利用信息技术手段规范志愿者动员注册环节。2015 年 6 月 26 日，山东省志愿服务联合会成立大会暨志愿服务工作座谈会在济南召开，标志着山东省志愿服务工作由行政主导向社会化动员的转变，全省志愿服务工作进入了一个新阶段。省志联首批会员包括 4 个省级志愿服务组织和 21 个市级志愿服务组织，覆盖注册志愿者 400 多万。

另外，随着各级政府对志愿服务事业投入力度的加大以及公民参与精神的持续孕育，在志愿者组织积极开展动员活动的影响下，越来越多的公民经过社会化动员参与到志愿服务中来。2017年出台的《志愿服务条例》明确指出，国家和地方精神文明建设指导机构要建立志愿服务工作协调机制，民政部门负责志愿服务行政管理工作，县级以上人民政府有关部门按照各自职责负责与志愿服务有关的工作，工会、共产主义青年团、妇女联合会等有关人民团体和群众团体应当在各自的工作范围内做好相应的志愿服务工作，这意味着各个系统的志愿服务工作得到广泛动员。从性质上来说，虽然工会、共青团、妇联等有关人民团体和群众团体属于社会组织的范畴，但却带有一定程度的半官方色彩，它们对志愿者组织动员行为的影响力既体现在通过传达上级组织或业务指导部门的行政命令开展政治化动员，又能以人民团体的身份辅助志愿者组织开展社会化动员。

根据山东省民政厅提供的最新数据，截至2015年11月，山东省志愿者总人数为342万人，其中注册志愿者数量为297万人；全省备案的志愿服务组织共9135家，2015年全省范围对志愿服务的财政资金投入为757.2万元，年增长122.6万元。[①] 截至2015年8月，根据共青团山东省委的统计数据，全省注册志愿者已近550万人，其中青年志愿者达338万人，各类青年志愿服务组织11.7万个，累计提供超过9008万人次、共计13.8亿小时的志愿服务[②]。志愿者的数量得到了持续有效的增长。

---

① 参见《社会工作和志愿服务有关政策贯彻落实情况年度报表》，山东省民政厅提供，2016年5月。

② 参见人民网：《山东省注册志愿者已近550万，常态化水平不高》，2015年8月12日，http://sd.people.com.cn/n/2015/0812/c166192－25945446.html.

二、推动志愿者队伍发展

自20世纪90年代初山东省首次出现青年志愿者之后，山东志愿服务事业呈现快速发展态势。进入新世纪后，志愿者队伍规模迅速扩大，全省各地市、各系统及民间组织相继组建了类型多样的志愿者队伍。截至2018年2月，根据山东志愿服务网的统计，全省现有敬老爱老服务团队12436支，绿化环保队伍7200支，关爱儿童队伍6487支，邻里帮助队伍5501支，法律服务与咨询队伍4622支。多层次、多领域的志愿服务团队建设初见规模。

从志愿服务队伍的业务主管部门看，志愿者队伍分别被归属到共青团、民政部门、慈善会等不同系统。其中，共青团组织与民政系统是推动山东志愿者队伍快速发展的主要动员力量。前者发动的青年志愿者行动组织性强、服务范围广；而后者的动员工作主要涉及对社会弱势群体的帮扶与社区发展。慈善系统自上而下建立归属于本系统的义工团队的同时，开展了丰富多样的志愿服务项目，把慈善捐赠与慈善义工密切结合。另外，省内各级文明委、红十字会、妇联、残联、老龄委等部门指导的志愿者组织也建立了自己系统的志愿服务队伍。为更好地把握志愿服务队伍建设情况，下面分别阐述不同系统志愿者队伍建设情况：

（一）共青团组织指导的青年志愿者队伍建设

2001年10月，《山东省青年志愿服务规定》正式颁布施行，山东成为继广东后全国第二个为志愿服务立法（地方规定）的省份。此后，共青团山东省委先后出台了若干规范性文件，设立青年志愿者指导委员会，在全省各县（市、区）成立了青年志愿者协会，形成了由协会、服务中心、服务站、服务队组成的青年志愿服务网络。迄今为止，共青团山东省委已举办了两届青年志愿服务项目大赛，2015～2017年先后组织三届全省“最美志愿者、最佳志愿服务项目、最佳志愿服务组织、最美志愿服务社区”先进典型评比活动，极大地促进了志愿服务团队规范化、专业化发展。山东青年志愿事业在社区建设、环境保护、西部计划、大型赛会、应急救援和海外计划等方面均取得了快速发展，特别在应急救灾与大型活动服务方面的成绩尤为突出，并在上述领域形成具有一定规模和影响力的志愿者队伍。2017 年 3 月，省委办公厅印发了《共青团山东省委改革实施方案》，方案指出要推动全体团员成为注册志愿者，指导县级及以下团组织建设“团干部＋社工＋青年志愿者”工作队伍，山东省青年志愿服务发展进入新时代。

（二）民政部门指导的社区志愿者队伍建设

20 世纪 90 年代开始，山东省社区志愿者组织在民政部门的指导下迅速发展，成为社区公共服务的重要力量。志愿者组织深入社区，广泛开展社区服务，推动社区建设与发展。2006 年，山东省出台了《社区志愿者服务管理办法》，明确了社区志愿者、志愿者联合会及志愿者服务活动的概念和含义，为山东省志愿服务尤其是志愿者组织社会动员的规范化、制度化和常态化发展指明了方向和道路。

根据山东省公益联盟对所属 84 个理事单位的统计，就山东省发展历史较长和规模较大的志愿者协会而言，其服务对象已经从贫困人群扩展到其他弱势群体，并从简单的物质资助发展到物质与心理双重救助，从单一的志愿服务活动发展到有较为成熟的志愿服务项目。[①] 民政系统内的志愿者服务队伍开始朝着多元化方向发展。

（三）慈善会系统指导的慈善义工队伍建设

2008 年以后，受汶川地震和奥运会志愿服务的影响，山东一些有爱心、有社会责任感的民间人士自发组织成立义工协会和义

---

① 参见王俊秋：《山东省社区志愿服务发展现状及路径研究》，《德州学院学报》2012 年第 5 期。

工联盟等社会组织。随着慈善会系统从捐款慈善向服务慈善的功能转型，慈善义工逐渐从民政部门主导的社区义工中分离出来，坚持从事社会化、综合性的义务服务，愈加显现出其主要面向社会弱势群体的慈善属性。

从山东省慈善会组织体系看，省慈善总会设立了义工工作委员会，各地市建立了分会，县(市、区)设义工委或义工管理服务中心。在慈善总会设有四个直属义工团，分别为省立医院、千佛山医院、山东电视台公共频道和泰康人寿，分属事业单位型志愿者队伍和企业型志愿者队伍。同时，慈善会系统在省属高校、国企等单位中也建立了慈善工作站，组建义工队伍。在地方层面，依靠“纵到底、横到边”的慈善总会体系，在各地市、各县区、乡镇都形成了丰富多样的志愿者队伍，在医疗卫生、大型赛会、扶贫救弱等方面发挥着重要作用。

(四)志愿者组织内部的队伍建设

从志愿者组织微观层面看，志愿者组织下设团队发展迅速，并呈现出组织化、队伍化和体系化等特点。这些志愿者组织一般按照专业或志愿服务的类型，对志愿者进行划分，以队伍为单位开展服务。以 QD 红十字会组织为例，该市现有 40 多支志愿者服务队伍，仅市内的志愿服务队伍就有 28 支，主要开展应急救援、应急救护、抗震救灾、无偿献血和捐献干细胞等志愿活动。JN 市 SY 社区则在自建的“齐帮忙服务团”组织下设立了“小红帽巡逻队”“金点子智囊团”“五星楼道团”等多个服务团队，多数志愿者组织能够主动自觉、有方向有计划地推动不同志愿服务领域的开拓和志愿服务队伍建设。

资料显示，除了政府部门和有关社团、群团、媒体组织的应急志愿者、青年志愿者、慈善义工、红十字志愿者、巾帼志愿者等志愿者队伍外，山东省还有大量以 QQ 群、车友队、爱心车队为组织形式的民间志愿服务团队。这些志愿服务队伍的出现丰富了志愿服务活动的内容和形式，为志愿者组织规范化、专业化服务的发展走向奠定了基础。

三、策略性动员可塑造符合服务需求的志愿者

麦卡锡和左尔德在其“市场—经理型”资源动员模型中强调，要像企业拉赞助那样从捐赠者的成本—收益权衡的功利主义出发，以专业化的手段开发资源。[①] 志愿者动员作为一项策略性行为，虽然隶属公共领域，但这并不妨碍志愿者组织采取市场化手段和策略提高动员效果，争取效益最大化。经验材料表明，策略性的动员选拔出的志愿者往往更符合志愿服务的要求。“动员的好处就是，我们可以提前为潜在志愿者描绘一幅志愿服务景象图，让大家心里有个底儿。我们动员的目的不是为了找到人，而是要找到合适的人。也不是只动员大家参与这一次活动就结束了，而是希望通过一次动员，吸引他长期持续参加。”(140106B_F)在一定程度上，策略动员能以更“亲密”的姿态动员到更加合适的志愿者，且持续参加志愿服务活动的倾向性更高。

首先，对于民间志愿组织和社区志愿者组织而言，它们无法像高校、政府和企事业单位那样可以通过本身的科层结构“暗示”或者“施加”参与压力，为了动员更多更符合要求的志愿者，它往往需要事先尽可能制定比较完善可行的实施方案，或使用全方位的宣传手段来赢得志愿者青睐，而这些服务计划制定、服务项目实施及其服务理念宣传往往有助于强化动员客体对志愿服务的积极认知，推动提升志愿服务质量。访谈中，不少志愿者组织负责人表示他们经常会利用各种方式加大宣传动员，提升动员效果：“以往居

---

① John D. McCarthy and Mayer N. Zald, “Resource Mobilization and Social Movements: A Partial Theory,” *American Journal of Sociology* vd. 82, no. 6, 1977, pp. 1214-1241.

民认为社区志愿者就是老大妈和老大爷戴着红袖章做做样子而已，没有什么实质效果，我们开始学习对志愿者动员，发放志愿项目介绍手册，也会制作易拉宝等展架积极向大家介绍我们的志愿服务，从而使社区群众对社区活动及志愿者有个更好的了解。”(150608A_b)“宣传一方面可以号召更多的人参与到义工活动中来，另一方面也能以一种自然的方式扩大影响，在日常生活中让更多的人认识义工和志愿服务。”(140106B_F)志愿者往往是根据自己对动员主体权威性的判断以及志愿服务的内容决定是否参与此次志愿活动。一旦志愿者认可动员主体，认为自己适合参与或者对服务活动感兴趣，便可大大提高“更加有意识、有目的的规范化行动”出现的概率，避免出现参与志愿服务后与预期不一致所导致的消极服务态度，从而在客观上选拔出合适的志愿者人选。

其次，为解决志愿者的后顾之忧，一些志愿者组织往往提供报销部分活动经费、联系车队、购买保险、加班费补贴(主要发生在企业型志愿者组织中)等保障，这一重要的保障机制在一定程度上确实能减轻志愿者的经济和心理负担，以保证志愿者更多的精力、热情投入志愿服务活动。一家医药公司志愿者组织负责人表示，他们在动员员工参与志愿服务活动时会提供一些福利：“我们单位是具有营利性质的私企，志愿者参加活动的经费一般都来自公司。公司高层很支持志愿服务活动，职工如果参加义工活动的话，可算作加班时间，会得到相应的加班费。”(131210H_d1)

最后，作为动员的必要环节，对志愿者服务态度和基本技能的培训也能提高志愿者的综合素质，满足志愿服务岗位要求，志愿者们认为：“社会化动员是一个持续的过程，不是一个时间节点，它是包含培训等在内的一系列活动。为了保证动员效果，我们曾请慈善总会与高校专家培训服务理念和具体技能，以提高志愿者服务水平。”(140106B_c)

作为一种有效的动员手段，策略性动员不再是往昔的“拉大旗、喊口号”式的表演性、鼓动性号召发动，也不是“打一枪换一个地方”的游击式行为，通过展示组织及服务项目的专业性、提供辅助性条件、后续培训等方式，志愿者组织往往能够招募到更加符合服务要求的志愿者。

第二节　提供更高质量的志愿服务

当前中国公益服务事业领域广阔、任务繁重，在很多方面，志愿服务成为政府公共服务的重要补充力量。作为志愿服务事业的重要组成部分，志愿者组织社会动员的功能不仅体现为动员人力资源，增强群体动力，而且还体现在有针对性地实现志愿者资源与服务对象对接，不断提高服务质量。对于志愿者组织而言，只有当它有能力为服务对象提供及时、周到而有效的服务时，才能够获得再生力量，扩大自身的影响。

一、拓展服务领域，满足服务对象多样化、个性化需求

长久以来，界定弱势群体的标准主要是性别、年龄、健康程度等自然属性，志愿组织的服务对象也多集中于老人、儿童、妇女、残障人士等生理弱势群体。转型期，中国社会结构发生巨大变化，社会复杂程度急剧提高，未就业大学生、城市下岗工人、进城务工农民等社会弱势群体开始受到广泛关注；社会秩序的维护、不同人群的心理健康及精神需求、环境保护等逐渐成为志愿者组织高度关注并积极参与服务的领域。志愿服务对象从单一的生理弱势人群发展转变为包含生理弱势人群和社会弱势人群在内的社会保障型服务对象，以及以大型赛事、环境保护、社区建设、社会秩序维护等为内容的公共服务型对象。

作为社会福利的重要补充，志愿服务必须紧随时代发展，满足特定对象的需求，构筑“横到边、纵到底”的志愿服务关爱网络。而新环境、新需求、新服务对象的不断涌现，要求志愿者组织必须不断挖掘新的志愿服务内容，逐渐扩展服务领域，同时也要求动员更多具有专业技能的民众充实到服务事业中来，以保证需要关怀和救助的生命得到及时有效的帮助，需要改善的环境和秩序得到及时有效的改善和维护。

调查发现，当前，中国志愿服务领域正在得到有效拓展，服务项目从最初的社区互帮互助、卫生环保、治安巡逻等较为简单的志愿服务活动扩展到包含计算机培训、健康咨询等专业志愿服务活动在内的多种志愿服务门类，由此带来的挑战主要体现在如何动员最适合的志愿者去完成这些服务工作。在JNDL社区，根据社区老年人学电脑、青少年学艺术特长等需求，社区志愿者组织广泛动员有技能的志愿者组织“老顽童电脑学习班”“花样年华·想演就演”少儿艺术团等志愿服务活动，定期为老人和儿童开展相关培训。JNYY社区志愿者组织，针对该社区单亲家庭及其遇到的生活困境，发动社区热心大姐成立“单亲妈妈互助组”，帮助单身母亲解决生活工作及心理问题。但当前社区日常志愿服务队伍主要由退休老人构成，如何动员到拥有特定专业技能的志愿者，需要更深入地开展工作。

二、提供更精准、更及时的服务，实现供需有效匹配

对志愿者而言，合适的服务项目是参与志愿服务的前提。在信息化时代，全方位、多层次的信息网络极大地满足了人们的信息获取需求，但信息载体的多样化、信息量的增加也为志愿者的选择带来了困扰。同时，志愿服务信息流通渠道与志愿者信息获取渠道的匹配度也影响了志愿信息的传导性和可达性。有志愿者表示，“想多做一些服务，但始终找不到一个很好的舞台，后来与H

团长的团队相遇，经过H团长的动员，加入了这个队伍，觉得对社会很有意义。”(131215H_a1)对社区的老年人来说，由于生活方式单一，获取信息有限，在一定程度上阻碍了他们“献爱心、做志愿”愿望的实现，出现“有劲使不出”的苦恼，对于这类志愿者开展有组织、有计划、有针对性的社会动员显得尤为重要。

对服务对象而言，由于话语权的丧失，弱势群体在社会资源分配过程中常处于劣势地位，对志愿服务的潜在需求难以得到表达。通过社会化动员，志愿者组织助力实现两者的有效匹配，满足特定需求。如邹城“WL爱心在行动”志愿者组织多年来致力于农村贫困儿童帮扶，组织本身并不直接为孩子提供物资，而是与扶贫基金会合作，“动员”资金善款，实现对贫困儿童的有效帮扶。再如，JNQCYG团队面向残疾人扶贫救困开展的志愿服务项目，团队成员来自各行各业。通过动员爱心企业家和富裕人士出钱出力，投资开办了“残疾人微商”，培养受助对象自助能力，有效提升志愿服务效果。

调查发现，动员的针对性和定向性有助于提高服务质量和价值。服务对象需求不同，对志愿者的能力要求也有差别，比如大型赛事对志愿者综合能力有较高要求、关爱聋哑儿童的服务对志愿者相关技能有要求等，这些专门化、专业化的志愿者供给只有通过定向动员才能实现。JNQCYG经过调查了解到贫困农村孩子缺少图书，但是需要动员什么样的志愿者并不清楚，为此他们多次商议，最后定位在家长志愿者群体。该组织负责人说道：“捐书这件事，要求是三年级以下能阅读的，带彩色拼音的。这种情况，就算是在多个QQ群里发信息，也不一定能找齐。所以就得针对这些需求，找学校的家长志愿者，因为学校里孩子最集中，他们一般都有这样的书。”(150520A_e)这种点对点式的定向动员，用需求引导服务提升了动员效果，减少“志愿者被拒之门外”的尴尬现象，提升了受助者的满意度。

实践证明，志愿者动员只有定位于转型期社会变迁的需求，从实际出发，定向动员志愿者，切实推动不同层面、不同领域志愿服务组织之间的连接和资源整合，提供及时性和针对性的精准服务，才能产生最佳效益和效果。社会动员本质上是一种组织行为，在动员过程中，志愿者组织作为中介，在民众需求与爱心人士之间建立联系，在收集受助者需求信息的同时，动员符合要求的志愿者提供帮助，为精准志愿服务开辟了渠道。

三、构建志愿服务微循环系统

除了宣传志愿服务招募志愿者外，志愿动员的深层目的是为了今后不再大规模地、刻意地动员，“动员”是为了“不动员”，从而有效促进专业化志愿服务组织的发展。其背后的逻辑体系在于志愿者动员的内化行为以及一套志愿服务的微循环系统。尽管目前我国志愿服务动员工作尚存在不少短板，调查发现，在不少志愿者组织内部，志愿服务的微循环系统已初步形成。

志愿服务微循环系统的形成遵循三个阶段：

第一阶段为效应发挥阶段。在此阶段，志愿者组织持续不断的动员使志愿者在帮助他人的同时，也对其他观望者产生带动效应。访谈中有志愿者反映：“我当初参加志愿服务时，身边人几乎都不参加，后来聚会他们就会问我怎么样，我就会告诉他们很好，他们有的就会抱着试试看的心态体验一下，结果就成为我们的志愿者了。”(131215H_a1)。这种由熟人社会和信任关系带动产生的意愿稳定性和持续性较强，尤其服务期间志愿者之间原有的人际网络关系可以减少“一次性互动”带来的风险和互动过程中的摩擦，保证志愿者将有限的精力投入到志愿服务中去。

第二阶段为主动对接阶段。随着志愿者规模的扩大以及志愿服务活动宣传力度的增加，受助对象能够主动寻求志愿组织，形成供需自主对接。访谈中，JNYY 社区居委会主任谈道：“当地居民有困难都会反映到居委会来，很多时候我不需要走访，他们知道社区有志愿者都会到我这里寻求服务项目，志愿者们就这样被组织起来。”(150611A_c)。本着让被服务对象“想得起、找得到、靠得住”的动员理念，动员过程中积极地宣传，使受助对象抛弃旧有的“自卑”或者“不好意思麻烦别人”的观念，形成“有事找志愿者”的习惯。

第三阶段为身份转化阶段。服务对象在志愿者的感召下，开始了解志愿服务的价值和意义，寻求机会参与志愿服务回报社会，实现从受助者向志愿者身份的转变，受助对象对于志愿服务的积极反馈也成为志愿者参与的持续动力源，最终形成志愿服务微循环系统(见图 4-1)。

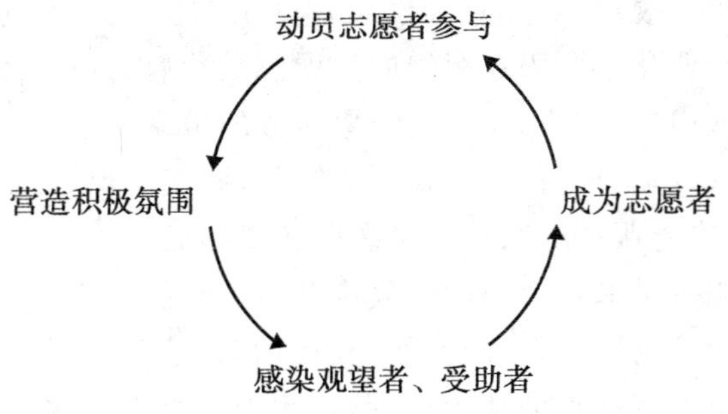

图 4-1　志愿服务微循环系统

第三节　有效促进公民参与

现代化对公民的基本要求之一在于多方面的社会参与，而这种参与将成为促进社会发展的动力。托克维尔指出：“在民主国家里，全体公民都是独立的，但又是软弱无力的。他们几乎不能单凭自己的力量去做一番事业，其中的任何人都不能强迫他人来帮助自己。因此，他们如不学会自动地互助，就会全都陷入无能为力的状态。”[①]在托克维尔看来，“人只有在相互作用之下，才能使自己的情感和思想焕然一新，才能开阔自己的胸怀，才能发挥自己的才智”[②]。高丙中从培育公民性视角出发指出：“积极、有序、理性地参与公共事务的公民性是市民社会发育的核心，而结社过程就像一个训练营，训练人们习惯积极地公共参与，并在合理方式中进行选择。”[③]资源动员理论强调对情感、符号、合法性等要素的关注，这对志愿服务组织社会化动员不无启发。在转型期的中国社会，志愿服务与行动已经成为公民参与社会的一种基本方式。实际上，公民对志愿服务的参与不是天生的，也并非完全自发，它需要一定的政策环境和文化氛围，其中就包括志愿者组织的主动动员。

就公民参与而言，志愿者组织动员的功能与价值主要体现在：

一、有助于激发人们参与志愿服务的内在动机

很长时期里，不少人在志愿服务领域贡献过智慧和力量，但公众中那种“等、靠、要”的思想依旧存在，服务意识与动机被动性强、主人翁意识的欠缺导致公众对志愿服务的观望态度，志愿者人数占社会总人口的比例较低。改革开放以来，国家掌控的资源和空间逐渐释放，为志愿服务活动开展提供了基础和条件。志愿者动员“唤醒”了民众参与志愿服务并融入社会的愿望，激发了更多动员客体的参与热情。志愿服务逐渐融入人们的日常生活，成为一种生活新常态、时代新风尚。

第一，通过宣传动员、教育动员等方式向不了解志愿服务的公众进行宣传，普及利他助人的理念，在一定程度上解决了志愿服务

---

① [美]托克维尔：《论美国的民主》，董果良译，商务印书馆1991年版，第663页。

② [美]托克维尔：《论美国的民主》，董果良译，商务印书馆1991年版，第663页。

③ 高丙中：《“公民社会”概念与中国现实》，《思想战线》2012年第1期。

对接"最后一公里"问题，正如一位志愿者说的那样："只要你有参与到义工这个群体中来的倾向或者是表现的话，我们就愿意接收……在我们这个大家庭里，我们能对他的行为和想法做一种引导，这就是群体的力量。"(131215H_a1)

第二，参与动员或行动动员调动了志愿者的积极性，吸纳更多人加入志愿组织，实现志愿者队伍的不断壮大。志愿者认为："活动本身也是一种动员，人们看到了就会问我们穿这个衣服(做活动时穿特制的志愿者服装)在干吗，然后他们会留下电话，保持联系，后来成为我们的志愿者……"(150527J_a1)

第三，激励动员对志愿动机的强化作用。人们参与志愿服务的动机多种多样，而激励手段对任何动机均具有强化作用。作为一种不求回报、无私奉献的行为，志愿服务需要志愿者付出一定的时间和精力。然而，长期的付出可能导致"志愿疲乏"，通过精神性激励和发放纪念品等少量物质性激励来"回馈"志愿者，对潜在的志愿者具有良好的导向和示范效应。如一位社区志愿者谈道："我们社区会召开表彰大会，对先进的志愿者进行表彰和鼓励，以这种形式间接动员社区居民参与到志愿者组织之中。有时候，我也会在志愿服务结束后，给志愿者打电话口头表示感谢。"(150617A_c)

二、有助于志愿者实现自身的社会价值

志愿服务动员为志愿者提供了解志愿服务事业的机会，志愿者在明确志愿服务意义的基础上将更多的时间和精力投放到服务活动中。表面上看，志愿者贡献个人时间和精力帮助被服务对象，角色上是付出的一方，但实质上，通过参与服务得到了多方面收获，实现了双赢。调查发现，高达81.8%的志愿者认为参与志愿服务可以"帮助需要帮助的人"，59.6%的志愿者认为自己参与志愿服务活动"对和谐社会建设做出了贡献"，53.2%的志愿者认为"让生活更加充实"，只有不到1%的志愿者表示"没有收获，是在浪费时间"(见图4-2)。

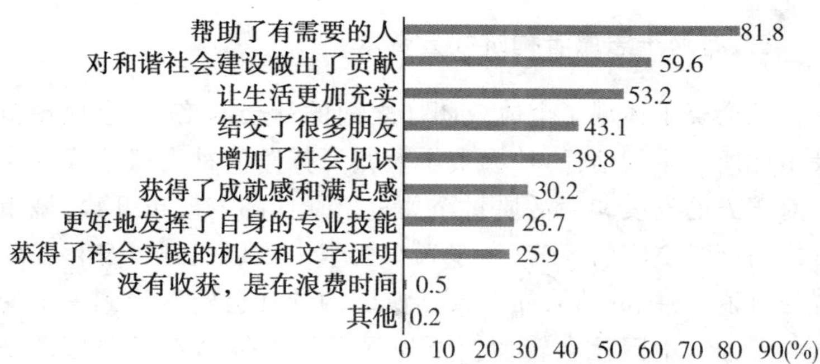

图 4-2　志愿者提供服务过程的收获（N＝235）

首先，社会动员将来自不同行业、不同阶层的志愿者集合在一起，良性互动与合作带来志愿者之间交往的加深，拓展了志愿者人际交往范围，丰富了生活空间。在济南 YY 社区的楼长、单元长会议上，属于不同单元和楼栋的居民相互熟络地打着招呼，两位志愿者讲道："我们之间的关系都非常好，我认识大姐就是通过志愿服务，俺俩同在一个组织，平时一起聊天，有了烦心事相互倾诉，有了困难相互帮帮忙。"(150619A_c)

其次，动员人们参与志愿服务对丰富志愿者内心世界、慰藉心灵发挥了巨大作用。随着生活水平的提高，居民精神需求日益增多，志愿者在服务过程中得到的精神满足，体现了社会对其个人价值的激励和认可。访谈中，有志愿者谈道："一开始他们都说我傻，说我是个傻娘们，他们不明白为什么我明明可以安享晚年幸福生活，还出来做服务，伺候别人。可是我却觉得不是这样，我很开心，我认识了更多的人，我帮助了更多的人。"(150619A_c)一位退休数年的志愿者说："我来到社区做志愿服务，感觉国家又需要我们了，我退休在家，不能为国家做点贡献，总觉得心里不舒服。现在来这里志愿值班，我特别开心。"(150527J_a2)

三、有助于志愿者构筑社会资本

社会资本体现了个体或团体之间的社会网络、互惠性规范以及由此所产生的信任，社会资本及其所依附的社会联系或社会网络对于人的发展和生活质量至关重要。伴随着改革开放、城市化推进与网络空间的开辟，许多人在变革中难以找到自身存在的位置与价值，传统的熟人社会及其所建构的社会资本受到一定的冲击与侵蚀。中国社会转型使原先强大的单位制不断弱化甚至瓦解，很多人从单位中分离出来，之前强烈而统一的身份归属感随之消失，“原子化”的个体开始出现。归属感的缺失降低了人们的安全感和幸福感，集体行动变得日益困难，人际情感被束缚，社会化参与途径受限，急需在非熟人的社会中构建新的社会资本。

学者边燕杰、丘海雄认为，社会资本既可以因成为社会团体的正式成员而获得，也可因非正式的人际互动而获得。志愿者组织作为社会网络中的一个节点，能在与其他组织建立联系时扩大社会资本的范围和总量。同时，在志愿组织内部，志愿者个体之间也加深了社会资本的积累，从而反过来促进志愿者组织社会动员的进展。① 通过志愿者组织的动员，原本互不相识、有着不同职位与身份的志愿者找到了新的组织归属，并为其参与社会活动提供合法的集体性组织。这些组织如同工作的单位、居住的社区一样，成为社会资本的重要载体，在这里，人们基于共同的服务理念和志向聚集起来，扩大了人际交往范围，加强了人与人之间的沟通和信任，实现了自由平等的交流，对志愿者构筑社会资本提供了条件。

志愿者动员的社会资本构筑效应还体现在资源链接上。在志愿服务领域，志愿资源不仅仅包括人力、物力、财力，而且还包括信

---

① 参见边燕杰、丘海雄：《企业的社会资本及其功效》，《中国社会科学》2000 年第 2 期。

任资本、符号资源、关系网络、情感性资源等无形资源，它们能够促进有形资源的对接、转化、开发和配置[①]，从而可以动员更多的人投身志愿服务，即通过“滚雪球”的方式获得更多的潜在资源与信息。访谈中，JNDL社区的社工L女士提到：“在动员的过程中，动员对象会通过自身的关系网络为社区寻求资源……带动更多的人，进行二次动员，使社区志愿者进一步增加，当然，也有利于观望者更加了解志愿者。有的志愿者还能够利用自身条件，为社区获得额外的志愿者资源。”（150617A_c）

第四节 推动和谐社会发展

从社会发展整体来看，志愿者社会动员极大地推动了和谐社会的建设，在培育和传播公民精神、促进多元主体的社会治理格局以及营造和谐社会氛围方面作用显著。

一、传播和培育公民精神

公民精神是一种独立自主地积极关注公共事务并合作参与公共事业的态度和行为，它是社会有序运行的重要保证。参与精神、民主精神、权利意识、平等精神和社会责任感等均是公民精神的重要体现。[②] 在中国，由于传统的大一统集权体制的影响，参与公共事务和社会治理的公民精神较为缺乏。就志愿服务而言，有学者

① 参见龙永红：《官办慈善组织的资源动员：体制依赖及其转型》，《学习与实践》2011年第10期。

② 参见张晓涛：《理性选择制度视野下的中国公民精神》，《许昌学院学报》2012年第3期。

调查指出，社区居民对包括志愿者组织在内的社会组织的参与程度并不理想，过半社区居民从未参与任何形式的社会组织。[①]

从社会的角度看，利他助人的志愿服务精神是公民精神的重要组成部分；从社会成员的角度看，志愿服务组织是社会提升其成员素质的平台与载体。经过动员与参与，志愿者组织不仅促进了志愿者知识的增加、技能的提高，而且还有助于实现公民精神的培育。在烟台、泰安等多地调查发现，志愿者组织的动员已经不仅仅停留于单纯的号召层面，而且还成为一种传播与宣传志愿精神的途径，如："我们在动员的时候往往也会进行宣传，我们会在动员资料里放入我们的口号和以往的志愿服务活动信息，借机向大家宣传我们，这样即便民众不参加活动，也可以起到宣传志愿者精神的目的。"(140102F_f1)

二、为民众参与社会治理提供平台

随着全面深化改革有序推进，谋求"多元主体合作"治理格局的呼声日益高涨，原有"国家行政垄断式"的治理模式日益消减，来自第三方的力量得到重视并被广泛吸纳到社会建设中来，民间力量的合法性逐渐得到确认。作为社会变迁的一个缩影，志愿者组织社会动员成为国家—社会力量对比的集中反映，并被公认为"社会"端的表征。包括志愿者组织在内的社会组织，迅速发展成为一股不容忽视的社会力量，在社会治理中被赋予重要角色。

激发和引导公民有序地民主参与，促进政治体制改革，这是我国现代化进程中政治进步与发展的内在需要。[②] 在传统的日常生活中，家庭、工作往往成为居民生活的重心，相比之下，公民的政治

① 参见梁莹：《公民治理意识、公民精神与草根社区自治组织的成长》，《社会科学研究》2012 年第 12 期。

② 参见甘泉：《略论社会动员的时代价值》，《学习月刊》2010 年第 10 期。

生活略显单一。随着社会主义民主政治的发展，公众参政议政的愿望和意识与日俱增，而志愿者组织的动员则为公民提供了一种便捷、安全又力所能及的参与契机，它既是一个强化公民社会责任的实践过程，又是一个促使公民由被动管理向自我管理转变的过程，在传导社会文明的同时，也在传导着公民的责任意识，激发公民政治参与的积极性，提升公民的自治能力。从济南YY社区的“娃娃楼长”到慈善义工团年轻工人，再到老年志愿服务队，志愿者组织的动员客体囊括了各个年龄阶层的人，丰富了群众社会参与的途径；从高校志愿者组织到政府、事业单位志愿者组织，再到企业型志愿者组织，动员对象涉及不同领域、不同行业、不同阶层，为民众提供了一个平等、开放的参与平台。

志愿者参与志愿服务，不仅提高了公民社会参与的能力，而且还激发了公民政治参与的积极性，大批具有志愿精神的志愿者聚集在一起创造了“引导志愿者关心共同的事务，孕育民主参与”的新途径。社区访谈中不少老年志愿者提到：“在社区志愿者组织动员下，我们成为志愿者，比退休前更加关心国家和社会事务。”“退休之后我赋闲在家，很少谈论国家大事，也并不关注时事新闻……但是加入志愿者组织以后不一样，凡是志愿者自身和集体利益的事情我都会积极关注，讨论的时候争取跟上大家的节奏。”(150619A_c)

三、营造和谐社会氛围

有学者将志愿服务与“构建社会主义和谐社会”“提高政府权威”相联系，例如王功名指出，有效的社会动员“有助于形成社会的一种内在的推动力量，能够使社会政治体系在存续和发展上发挥所需要的政治协调手段”[①]。刘荣刚认为，“通过有效的社会动员，可以为实现政治目标创造有利条件；有助于增强被动员者对动员主题的政治认同，提高动员主体的威信与权威。”[②]调查显示，目前志愿者组织动员主要集中在民生保障、抗震救灾、大型赛事以及环保等领域，尽管各组织出发点不一样，但最终指向均与国家意志分不开：政府习惯于将行政目标直接或间接地整合在志愿服务中，使志愿服务在解决弱势群体困难的同时，也能与调整社会关系、缓和社会矛盾、满足民生保障、补齐环境保护“短板”等行政目标相联系，为实现政治目标提供有利条件。

社会作为一个有机整体，其健康运行和协调发展是其理想状态。转型期的中国社会，社会问题和社会矛盾不断涌现，在一定程度上影响到社会的和谐与稳定。另外，转型期中国民众的价值观和行为取向随着利益的分化更加复杂。整理山东各地关于志愿服务文件[③]可以发现，相关部门普遍将“志愿服务动员的重要性”与“加强基层整合”“构建和谐社会”等施政目标联系在一起，认为志愿服务动员具有提高社会基层整合效率的重要功能。志愿者组织动员被很多基层政府作为促进本地区“五位一体”（经济、政治、文化、社会、生态和党的建设）总体布局、构建社会主义和谐社会的重要举措，在这种行政化目标之下，志愿者组织动员衍生出多重意义：

第一，志愿者组织动员为生理弱势人群、社会弱势人群解决困

---

① 王功名：《浅谈社会转型期政治稳定中的社会动员》，《宁波大红鹰学院学报》2010年第2期。

② 关海庭主编：《20世纪中国政治发展史论》，北京大学出版社2002年版，第254页。

③ 参见中共山东省委政策研究室：《对全省志愿者（义工）服务工作的调查与建议》，中共山东省委政策研究信息中心：《参阅件》2013年第2期；谢玉堂：《抓住机遇乘势而为山东慈善事业发展再创辉煌——在山东省慈善总会第二届理事会第一次会议上的讲话》，2012年5月21日。

难以及部分公共领域服务(例如环境保护、大型赛事)提供了前提条件。当下社会资源分配追求市场原则,强调利益最大化,在促进效率的同时却未能均衡地增加个人福利和提高社会地位。弱势群体受先天或后天因素影响处于竞争劣势地位,我国社会保障和福利体系虽然在一定程度上对其给予帮扶,但受制于政策的可达性与可行性,这种帮扶存在事实上的缺口。社会的持续运行需要人们在市场和道德伦理之间寻求新的规范和行动策略来均衡个人的福利和社会地位,这时候就需要志愿者组织等第三方介入,发挥志愿服务效应,弥补市场和政府不足之处。志愿者组织同时也是社会最珍贵的人力资源,这些资源能让更多的弱势群体受惠,从而达到缓解甚至解决社会矛盾的目的,为加强基层社会整合以及不同社会群体之间的了解与融合提供了可能。

第二,对志愿者群体而言,社会动员使得组织内部志愿者彼此之间所持有的共同目标更加明了,解决问题时倾向采用理性对话和良性互动,容易达成和解与共识,从而降低成员互动时的不确定性,增强群体凝聚力。[①] 无论是群体成员同质性较高的高校型、事业单位型、政府型和企业型的志愿者组织,还是异质性较强的社区、民间的志愿者组织,通过动员目标的宣传,往往能激发大家共同的兴趣和关注,成员之间因为长期的合作与交流逐渐形成较为稳定和谐的人际关系。

第三,就社会整体而言,作为一种积极的姿态,志愿动员活动代表了社会关注和关怀弱势群体的态度。本身就是一种"对弱势群体投以关注"的号召,即便有时候志愿服务并不能直接为受助者带来实质性帮助或者利益,但是动员行为客观上会引发社会各界关注,吸引社会资源靠拢,间接帮助受助对象。这对于激发志愿者的奉献意识和志愿

① 参见宋海明:《转型期志愿服务动员机制研究——以济南市"泉城义工"志愿服务为例》,山东大学硕士学位论文,2009年。

精神认同产生极大的推动作用，有利于在全社会营造互帮互助、团结一致的和谐氛围，彰显“济世情怀”。

第四，推动社会公平正义与和谐发展。改革开放以来，社会结构发生了深刻变化，志愿者的思维方式、行为方式和分布结构也随之发生深刻变化，志愿者组织为适应新形势动员志愿者以及民众参与志愿服务在一定意义上开辟了社会化新路。一方面，志愿服务一改过去行政化、命令化的动员方式，以较低门槛、小微分散、可长可短的灵活方式[①]，以尊重个人意愿、注重心灵体验的运作模式，让志愿者就近就便、力所能及地自愿参与到经济社会发展的方方面面；另一方面，志愿者组织通过实施活动项目、搭建关爱平台、满足服务需求等多种形式，最大限度地调度人力、物力、资金等资源，关爱弱势人群，提供公共服务，在一定程度上促进了社会的公平正义与和谐发展。

第五节　志愿者组织社会动员的负功能

美国社会学家默顿在谈到社会制度时曾经提出“正功能”与“负功能”两个概念，认为正功能是社会制度的积极功能，表现为制度对于社会调整与社会适应所具有的积极贡献；负功能是社会制度的消极功能，表现为制度对于社会调整与社会适应的不良影响与作用，它使社会运行偏离其所期望的目标。[②] 就志愿者组织动员而言，其社会功能也存在正功能和负功能之分。正功能主要表

① 参见金世斌、商洋：《无锡“志愿服务1＋4”模式的调研与思考》，《江南论坛》2015年第10期。

② 参见李芹：《社会学概论》，山东大学出版社2009年版，第283页。

现为能够最大限度地调动志愿者以及民众参与志愿服务的积极性，通过志愿行动，实现志愿者组织的宗旨与使命；负功能则主要表现为如果实施动员活动不当，可能阻碍志愿服务的正常开展，甚至造成不良影响。

关于志愿者组织动员“负功能”问题学术界已有研究。郭焕龙指出：“在应急社会动员中，容易产生‘为应对危机可以不惜一切代价’的认识，某些规范会受到冲击。”[①]朱力认为，如果社会动员的方式、手段比较激烈，在社会动员的强大压力下，可能产生为了控制危机而不择手段的极端行为。一旦社会动员起来，整个社会的政治系统、经济系统、社会系统的正常运行秩序会被打破。当社会动员持续时间过长时，群众运动的热情会降低，产生麻木感，动员本身的效率会减弱，可持续性差。[②] 调查发现，志愿者组织社会动员也存在一定的负功能风险。

一、过度动员导致资源滥用和浪费

毋庸置疑，动员是志愿活动开展的前提，只有动员到一定数量且满足一定要求的志愿者，志愿服务活动才能顺利开展。然而动员力度通常难以把握，需要提前制定周密的动员计划、做好必要的动员结果评估。目前很多志愿者组织难以做到这一点，存在着过度动员问题，其中高校类志愿者组织尤为突出。调查中，高校志愿者组织负责人指出，在大型志愿服务来临之前一般都是从学校到学院再到各年级层层开展动员，由于动员过度，前来“应征”的志愿者非常多，但岗位有限，不可能每个前来“应征”的志愿者都有机会参与到志愿服务，对志愿者的层层筛选在某种程度上损耗了有限的资金和人力资源。“做好志愿服务活动”理应是志愿者组织设立

① 郭焕龙：《话说社会动员机制》，《前线》2009 年第 3 期。

② 参见朱力：《暴雪下的中国式社会动员》，《人民论坛》2008 年第 4 期。

的初衷和主要目标，将过多的精力投放到动员环节，会增加志愿者组织内部运行内耗与成本，浪费本该用于开展志愿服务活动的精力和资源。

过度动员还会降低志愿者服务热情。志愿者组织动员一般不应改变志愿服务的志愿性质，倘若持续地、过度地动员则可能让志愿者背上“义务的枷锁”。不但不能带来志愿队伍的壮大，相反可能会导致部分志愿者受不了“高强度的动员”而对志愿服务活动产生厌倦心理，降低人们参与志愿服务的积极性。一般而言，大部分志愿者都有自己的学习和工作任务，只有在精力充沛的情况下，才可能利用个人时间参与志愿服务。调查中不少志愿者反映，组织过分动员会对他们造成“精神负担”、产生“麻木”情绪或者“志愿信息疲劳”。尤其对于企业志愿者来说，日常工作已经占据大部分时间，由于实行志愿服务活动与职工表现挂钩的政策规定，造成职工巨大的心理压力，影响其参与的热情与积极性。

二、动员背后的恶性竞争有违志愿服务初衷

“优胜劣汰”是自然法则，同时也是志愿者组织的生存法则。志愿者组织之间的相互竞争，正是志愿者组织生态圈充满活力的客观表现，不应该给予过多的指责。因为“只要有竞争，它就会把人们推向更广阔的范围，激励人们追求更高的目标”[①]。适当的竞争会促使志愿者组织不断加强组织建设、开辟志愿服务新领域、创新志愿服务新手段，朝着有利于志愿服务的方向发展。然而，动员背后的不当竞争甚至是恶性竞争却造成了志愿者组织之间“闭门造车”的现象。调查发现，高校型志愿者组织开学初期的“百团大战”、同一地区不同组织之间的“各立门户”、对同一资金项目的“明争暗斗”等问题，

① 参见郑永廷：《论现代社会的社会动员》，《中山大学学报（社会科学版）》2000 年第 2 期。

事实上造成了志愿者组织之间关系的伤害。志愿服务精神本应该是一种无私的、纯粹的精神，如果一味地为了某些团体利益而绑架志愿精神，那么志愿者组织动员也就失去了其动员的意义，志愿服务也失去了其存在的价值基础。

三、网络动员中的诚信和舆论导向问题

互联网的发展极大地降低了时空对信息传播的限制，动员的轰动性日益扩大。如SDDX爱心协会利用新浪网为患病学生开展募捐活动，由于网络平台的直达性和通透性，募捐行为迅速引起多方关注，动员了一大批爱心网民进行捐款。但其中也存在极大的隐患，即网络社会动员的诚信和舆论导向问题。一方面，网络募捐平台的诚信问题历来为人们所诟病，“诈捐门”“炫富门”挑战公众的底线，扰乱正常的募捐动员机制；另一方面，网络社会动员由于其匿名性和传播范围广、时间短等特点极可能会诱发群体性事件，导致政府和志愿者组织公信力下降。我们在调查过程中虽然并未直接发现网络动员存在的诚信和舆论导向问题，但网络动员作为一种逐渐发展壮大的动员方式，需要引起各方注意，在其负面效应未显现之前应该采取合理措施加以规避，合理引导。

本章小结

志愿者组织动员无论对于志愿服务本身，还是对于动员客体以及整个社会，都有其积极影响和正功能，但如果动员活动开展不当就会产生消极影响和负功能。就正功能而言，志愿者组织动员能够有效壮大志愿者数量与队伍，拓展志愿服务面向群体，提高服务质量，以更加精准、及时的志愿活动满足服务对象多样化、个性化需求，从而在一定程度上促进公民参与以及公益事业的发展。就负功能而言，过度动员不仅会导致资源浪费和滥用，而且还会降低志愿者的服务热情，志愿者组织之间的恶性竞争直接影响动员的最终效果。

动员的“度”到底如何衡量？应按照怎样的标准实施动员？目前不同国家已开始制定参照标准来评价社会动员效度，在一定程度上为科学化动员提供了量化指标和方向。但是，由于受不同社会制度、历史背景、社会环境等因素影响，发达国家的标准并不一定能够反映发展中国家社会动员的真实状况，如何建构适应中国式社会动员的度量标准，仍然需要进一步地研究与突破。①

① 参见黄立丰：《近二十年来社会动员问题研究的回顾与思考》，《中共宁波市委党校学报》2013 年第 2 期。

第五章 转型期志愿者组织社会动员的基本特点

社会转型是社会从传统型向现代型转变的过渡过程，是传统与现代因素此消彼长所带来的整体性的社会发展过程，主要包括结构转换、机制转轨、利益调整和观念转变等多个方面的变化。①这种变化使得转型期社会的总体面貌十分特殊和复杂，总的来看有三个特点：一是异质性，即传统因素与现代因素杂然并存；二是形式主义，即应然与实然不相吻合，许多事物形式上、表层的是现代的，但实际上、潜层的却是传统的；三是重叠性，即结构的分化与不分化、功能的专化与普化同时存在。② 本书认为，上述概括也适用于总结转型期中国志愿动员的现实特征。

转型期的中国社会孕育了志愿者组织的社会动员行动，并将自身的特点投射给后者。具体而言，目前全国志愿者组织数量庞大、类型众多，志愿动员的主体极为丰富，既有基于社会需

---

① 参见刘祖云：《社会转型：一种特定的社会发展过程》，《华中师范大学学报（哲学社会科学版）》1997年第6期；李培林：《另一只看不见的手：社会结构转型》，《中国社会科学》1992年第5期。

② 参见金耀基：《从传统到现代》，台湾时报文化出版企业股份有限公司1990年版，第113～116页。转引自刘祖云主编：《发展社会学》，高等教育出版社2005年版，第184页。

求和公共利益而自发兴起的,又有作为政府部门和人民团体的工作抓手而存在的;它们的社会动员行动要考虑自身所涉资源的种类和特征,具有一定的偏好和倾向性。为此,志愿者组织同时使用传统和现代化的动员方式和手段吸纳资源,并发展出创新性的动员策略。

第一节　多元的动员主体

在转型前的总体性社会中,国家—政府—单位构成了社会动员的主线:在社会制度和国家机器总体框架内,政府将国家意志转化为行政命令,并由各行业单位具体分配和发放资源,三者间有很强的同一性;这使得前转型社会的志愿者动员主体呈现出高度的单一化和层级化特征。而社会转型和机制转轨打破了这一局面所倚赖的单位制度,使得志愿动员活动既有来自政府等行政力量(包括具体的执行机构)的推动,又有广大社会组织的自主参与,企事业单位则以建立自己的志愿组织的方式间接参与进来,从而形成多元的动员主体。调查显示,企事业单位、共青团、民政部门、社区居委会、民间志愿者组织以及家人朋友都可以成为这一多元主体的一部分。如图 5-1 所示:

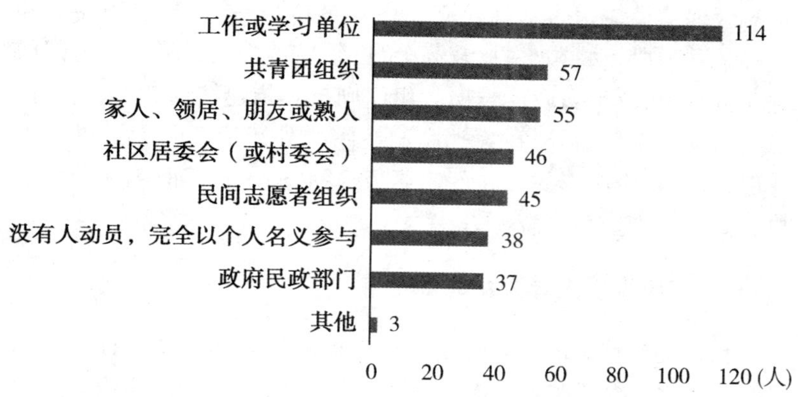

图 5-1　志愿动员行动的来源(N=395)

一、志愿组织的多元化

志愿者组织是志愿动员主体最重要的组成部分,其多元化表现为组织数量增多、类型丰富、各种志愿活动中的动员色彩愈发明显等。随着转型期中国社会事业的蓬勃发展,社会组织作为志愿动员的主体得到认可,大量志愿者组织或队伍以社会组织的身份成立并投入到志愿动员行动中,来自民间、高校、社区、企业、事业单位、政府等不同类型的志愿者组织成为志愿动员的中坚力量,而且动员行动各具特色:民间草根志愿者组织强调动员的生活化、情感化、策略化,善于运用时尚的动员技术;高校志愿者组织的志愿动员受学校共青团组织和学生工作部门的主导和管理,强调志愿服务的教育和宣传意义,与学生成长发展紧密结合,制度化、规律化程度高;社区志愿者组织特别依赖基层党组织和基层社会治理网络开展动员,其主要执行者是居委会工作人员和社区居民中的精英与骨干,动员的政治意义较浓,对资金和物力资源的动员能力强;企事业单位志愿者组织的动员则突出其专业特点,常以日常工作的管理动员体系为基础建立志愿动员体系，并大量应用物质和经济激励手段，动员效率比较高，单位领导和行政、宣传、人力部门对动员有很大影响；政府志愿者组织则擅长构建结构完善、覆盖面广的动员体系。另外，在各类志愿组织之外还活跃着大量以个人身份、网络身份等形式存在的志愿力量，它们也都无时不在为公益与志愿服务事业争取资源。

二、志愿事业主导力量的多元化

长期受行政力量主导是中国志愿服务事业的重要特征。志愿组织多元化的根源实际上在于体制转轨带来的、推动志愿服务事业的官方主导力量的变化：不仅民政部门和共青团系统等传统力量愈发重视志愿服务的动员工作，其他多个政府部门或人民团体也都开始将动员志愿服务资源、推进志愿服务发展纳入自身工作范畴，如文明委、慈善总会、工会、妇联、残联、老干部管理局、红十字会等部门均建立了各自的志愿动员体系。一方面，这些体系在基层直接建立志愿组织或队伍，吸引公众参与志愿服务；另一方面它们又可凭借官方身份，在社区、单位或面向公众开展志愿服务的管理和协调工作，从而以直接间接两种方式有力推动志愿动员工作。

> YT 市慈善总会设慈善义务工作分会，县级市以及大的单位设立慈善义工管理中心，在街道设立慈善工作站，社区设立慈善工作服务队。横向上，烟台市慈善总会设立 5 个部门、12 个分会、16 个服务队，慈善义工艺术团现有 12 个分团，700 多人。(140102F_f1)
>
> 我们有一个结构：市、区、街道/镇、社区/村四级网络结构，三级管理机制。各区、市设置的是老干部服务总队，街道/镇为服务队，社区/村为服务分队。目前大概有 12 个总队，235 个服务队，762 个分队。所有的管理架构都是自己创新出来的。实际上有一种纵向管理关系，便

于管理，下级组织也不用注册。(150706B_f)

不过也有一些访谈材料指出，这实际上是各行政部门在志愿事业大发展的时代背景下创新本职工作的一种尝试，具有明显的行政性动机，而非源自对志愿事业特别是志愿精神的真正认可，转型社会的特征在这里体现得很明显：

现在退休干部的队伍逐年壮大，因此老干部局近几年也在探讨怎么转型发展，实际就是退休干部的服务管理。以前这个协会没成立之前老干部也发挥作用，但是为了进一步规范化，发挥老干部的政治威望、经验优势、技术优势，为了更加有组织地加入志愿服务，加上省局也有这方面的要求，才成立这个组织。(150706B_f)

三、多元主体间的合作尚需加强

不过，多元化的动员主体间并未天然形成紧密的合作体系，各类志愿组织的动员工作仍然缺乏交流，有志愿者这样说道："平时动员的时候，我们相互之间不联系，都是自己招募自己的志愿者，有活动了利用自己的志愿者就可以了，没有什么合作的。"(131208H_f)各志愿组织间时常出现争夺资源的现象，这种争夺虽对建立志愿服务事业内部竞争机制有一定的促进作用，但更多时候则造成了资源的浪费：

各市、各团存在一定的竞争，尤其是学雷锋日的时候，各地市会跟总会反映这个情况。(131217A_f)

校内的志愿者团体之间有竞争，与校外的志愿者团队之间也有竞争，因为活动内容有重叠。(131221A_e)

因为各学院缺少关于志愿服务活动情况的交流，所以导致部分志愿服务活动重复开展，或是志愿活动基地资源的争夺。(150608A_b)

我们认为，这充分体现了中国志愿服务事业发展尚不成熟的现实:志愿组织的服务内容仍然比较传统,活动的时空分布较为集中,服务配置不够长效化、日常化。如果缺乏完善的沟通交流机制或统一的资源分配体系,必然会导致资源浪费。

第二节　有侧重的动员对象

一、动员人力资源时的倾向性

首先,人力资源是志愿者组织最主要的动员对象。通过动员人力资源,能够吸引更多的公众加入志愿服务事业,从而壮大志愿者队伍、提升服务的效果和水平,有利于扩大志愿服务事业的影响,推动其长远发展。在各类人力资源中,公司职员、在校学生、工人及离退休人员是志愿者组织的重点动员对象(见图 5-2)。他们或者组织化水平高,易于被发动和指挥;或者参与志愿服务意愿较强,能够高质高效地提供服务。

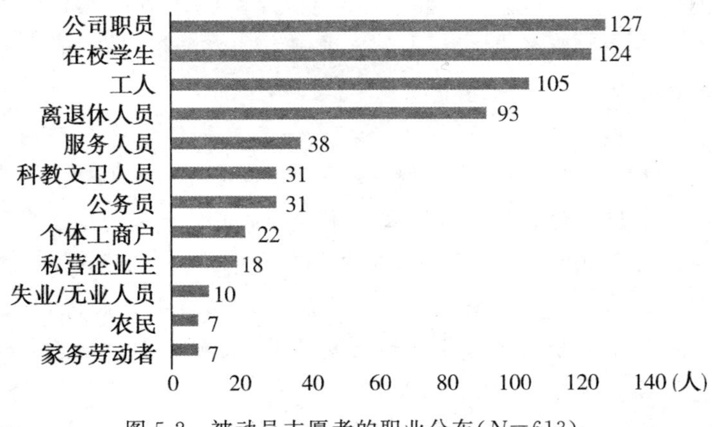

图 5-2　被动员志愿者的职业分布(N=613)

大学生志愿者是上述群体中的代表。大学生凝聚力强、容易受集体行动影响，志愿组织对其动员的成功率一般较高，后期管理协调也相对简单。因此，在大型赛会的志愿动员中，他们往往成为各类志愿者组织争相动员的对象：

像泉水节，如果是找散兵游勇，3000 个义工，今天来明天走的，肯定累死我啊。所以我们最后组织了三四个高校就搞定了，这样我只需要抓住几个负责人就可以了。(150520A_e)

招之即来，来之能战，战之必胜。凝聚力很强，很多大学生都毕业了，有的在曲阜读研究生，都请假回来参加泉水节义工，还有的是暑假期间回来参加义工活动的。这可能与长期搞活动有关系。(131221A_e)

其次，志愿者组织选择动员对象时更偏爱党员、模范、先进分子、工作骨干等精英群体。如社区志愿者组织更喜欢动员社区党员和楼长群体，高校志愿者组织倾向于动员学生领袖，企业志愿组织多动员工作骨干：

……只有党员这群人清楚各个组织内部成员的情况，而楼长最清楚自己楼上居民的情况。(150611A_c)

像我们的阳光服务队，它在八大高校里都有自己的组织，我们会在这些学校里培养出一批领袖人物，再让他们去培训大一的新生，这样带着往前走。(150527J_a2)

志愿动员之所以向精英群体倾斜，主要有如下原因：第一，精英动员在中国社会有长远的文化传统，如战争中指挥官的身先士卒、改革时主导者的以身作则等先例，志愿组织的动员工作者很容易从中加以借鉴。第二，精英志愿者在志愿活动中普遍比普通志愿者更为积极和主动，对志愿理念的理解和执行相对更出色，动员他们的效率更高、效果更好。第三，许多精英本身就是志愿组织中的领袖，对其他成员有影响力，动员他们能起到“连锁反应”，进一步强化动员效果。比如有人说：

> 我们主任就是最大的优势，因为她为老百姓做了很多实事，居民了解之后就会觉得，你这个主任不是单纯地来做社区工作这件事情，她真正是为老百姓谋福利的那种，我觉得这种感召力是比较重要的一个因素。(140714CL)

> 她是我们泰安有名的人物，有时候我们做活动，都是她一吆喝大家就来了，只要是她组织的，大家就特别信任。(150527J_a1)

最后，具有专业技能的志愿者会得到许多志愿组织的青睐。一方面，一些专业性的志愿服务组织囿于服务内容，对专业志愿者有天然的需求，例如 TAGYMY 就倾向吸收医疗人员为成员，以便更好地宣传母乳喂养，并且带动其他志愿者学习医疗保健知识和技能；QDHSZH 救援中心则优先考虑具有急救知识的志愿者："突发的情况下，正确的自救知识是非常重要的，而我们普通人往往对这方面的知识是非常缺乏的，甚至有时候会起到反向、不好的作用。所以我们会定期地派遣志愿的专业人士到一些工地、社区，还有一些容易发生突发状况的地方，现场教授一些知识。"(150707B_f)当然，在招募时设定专业门槛的做法也使部分志愿组织一定程度上面临着动员"无的放矢"的困境。

另一方面，从事一般性服务活动的志愿组织有时也需要专业人员发挥独特作用。对此，这些组织会以培训形式间接引入外部专业力量，以解决招募无人的问题，如："像'和事佬'志愿队，就凭借着热心做，但是不行啊，法律知识的缺乏，还有具体事务的缺漏，有些问题是'和事佬'志愿队无法解决的，因而就从外请律师志愿队为'和事佬'志愿队培训。"(150611A_c)可见，志愿组织对专业人士的需求是比较明显的，中国志愿事业的公众基础确实还不够广泛。

二、动员财物资源时的常用策略

除人力资源外，志愿活动同样需要经费和物质上的支持。财物资源的丰寡不但直接影响服务效果，而且还影响志愿者对该志愿组织的态度和认知，进而影响志愿队伍和整个组织的长远发展：调查显示，约一半的受访志愿者认为本组织用于志愿活动的资金不足造成了志愿者流失；超过 3/5 的志愿者认为缺乏资金会妨碍志愿组织发展。因此志愿组织会想方设法拓宽渠道，争取财物资源，并发展出多种动员策略：

一是积极动员企业和基金会的支持，这是较为传统的筹集方式。比如："LK 手机每售出一部就会给我们一块钱用于公益经费，光这一家到现在累计捐献的资金就超过了 12 万元。"(150527J_a2)但该策略对政府类和高校类的志愿组织不大适用。

二是将服务对象引入到筹集行动中来，既能直接解决部分经费问题，又能变"输血"为"造血"，提升了帮扶的层次，有志愿者说道："一些超市和个体(户)也会加入 XHM 的公益，让聋哑孩子自己做的那些碟盘还有装饰画能够出售，这些出售的货款都会返还给学校或者孩子。"(150527J_a2)

三是分散募集对象，结合众筹、手机 APP 等社会文化热点筹集资源，正如一位志愿者组织精英所说："没钱咋办？有个新名词叫众筹慈善。我总开玩笑说我就是空手套白狼，我告诉你我要建爱心教室，我列出了 30 多项资源，我缺场地，我缺拍卖主持人，我缺 Logo 等等，最终我所有东西都筹齐了。谁有什么资源就给我出什么力。"(150520A_e)

第三节　稳中求进的动员方式

一、处于过渡期的动员方式选择

动员方式是志愿动员行动的外在体现，也是描述转型期志愿动员的重要指标。如本书第二章所述，对于转型期中国志愿组织的动员方式而言，组织动员可视为是转型前或传统动员的代表，教育动员是转型后或现代动员的代表，行动动员和宣传动员则处于过渡阶段。本书统计了 48 家志愿组织对四种动员方式的使用情况，发现几乎所有的志愿组织都使用了宣传动员和行动动员，而使用组织动员和教育动员的组织大致各占 1/3（见图 5-3）。可见，当前中国志愿事业的社会动员在方式选择上呈现出鲜明的转型和过渡特征，传统动员方式和现代动员方式杂然并存的样貌十分典型：

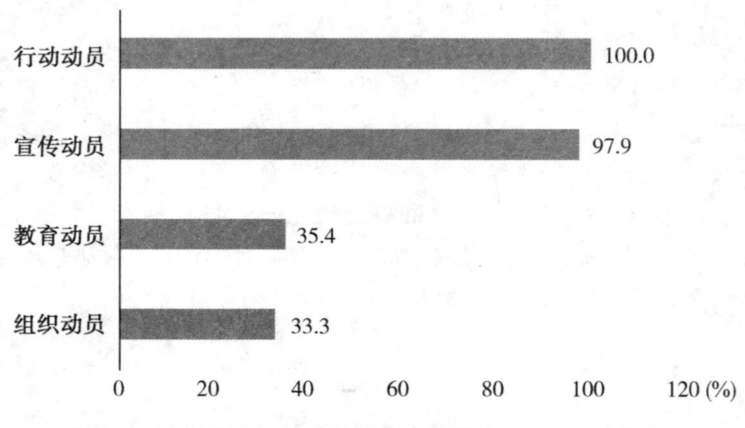

图 5-3　志愿服务组织对动员方式的选择（N=48，可多选）

二、两类动员方式并存的原因

(一)传统动员的社会文化基础尚存,并且影响深远

组织动员和宣传动员在中国具有悠久的历史,其行政化、强制性或半强制性、组织化、直接化、外显化等特征也符合转型前一元化社会的基本特点,代表了中国社会传统的动员模式。特别是在"集中力量办大事"的情境中,传统动员方式几乎是志愿者组织的不二选择,影响力非常大。

究其原因可能包括以下几点:第一,传统动员方式的组织基础并未因为社会转型而消亡,目前相当比例的志愿组织由政府部门及行政性人民团体直接组建和管理,或者与它们保持各种形式的紧密联系。志愿组织背后主导力量的性质对其选择动员方式具有至关重要的影响。第二,经过长期发展,特别是在革命战争年代和前改革时期长久的、经典的实践,组织动员和宣传动员等传统动员方式之下已经生发出相当丰富的手段和技术,形成了一个成熟、完善的"动员工具包"。转型期的志愿组织能够很方便和自然地选择并使用它们。第三,改革前社会动员的主体主要是作为国家代理人的党和政府,除此以外社会生活中没有其他能调动和分配社会资源的行动主体,这种强大的、深刻的影响力给整个社会留下了深刻的文化烙印并一直持续至今。传统动员方式和手段通过重新调动动员对象对于一元化社会的归属感,使之欣然接受和适应此类动员方式。第四,传统动员方式的效率确实很高。

(二)现代动员具有多元的思想基础,尚在不断发展

本书将教育动员和行动动员视为现代化的动员方式,主要是因为它们更具弹性,是以潜移默化的方式追求资源动员的结果。其社会和文化基础包括:第一,现代社会的原子化特征明显,个体倾向于从自身感受和互动出发判断自己在社会中的位置,而不再认为自己天然地归属于某一群体或组织,因而易于接受非强制性

的、互动性强的动员。第二,以资源动员理论为代表的社会运动理论认为,现当代社会运动的数量增多主要是由于社会上可供运动发起者和参与者利用的资源大大增加了,社会运动是人们对资源动员理性选择的结果。[①] 与传统动员相比,现代动员的方式与手段(如培训、激励、感召等)更倾向于通过给予被动员者以资源(如相关知识、情感支持和互动等)来使他们卷入到志愿行动中。

但调查同时表明,志愿组织对现代动员方式的认可度不如传统方式高,"动员"概念在大部分志愿组织领导人意识中仍然是一种意愿外显甚至是命令化、行政性的行动,能够领会到激励、培训、情感感召等手段对动员的意义的领导人较少。这在一定程度上阻碍了志愿动员方式的转型和进步。

此外,我们认为便利性或动员成本也是志愿组织选择动员方式时所慎重考虑的。组织动员或教育动员或者需要相对严密的机构与体系,或者需要投入大量的时间、情感或知识资源(如培训、感召等手段);而宣传动员的具体手段丰富多样,可选择的余地大,文化符号、新媒体、艺术作品等动员技术几乎没有什么成本可言;行动动员则以直接参与作为主要手段,成本更低。因此易于被正处于发展中的志愿组织采纳和使用。在可预见的将来,随着志愿事业的发展与进步,志愿组织对动员方式的选择可能亦会有所变化。

三、两类方式并存的动员实践

由于本书所称的四种动员方式本就是从实践中抽象出的经验类型,具体的动员活动中并没有所谓的"组织动员""行动动员"甚至是"传统型动员"等类似的理想情况存在,只有一场场具体的动员活动或事件,因此在真正的动员实践中,传统的组织动员、宣传

① 参见石大建、李向平:《资源动员理论及其研究维度》,《广西师范大学学报(哲学社会科学版)》2009 年第 6 期。

动员与相对现代的行动动员、教育动员往往出现在同一动员场景之中。这一方面与转型期社会各种因素交织存在的总体特征密切相关，另一方面，我国志愿者群体始终在快速扩张，志愿者的行业、年龄、生活习惯、行为方式和对志愿服务的理解存在着巨大差异，志愿组织也无法以某一种或某一类的动员方式覆盖所有动员对象。而且同时使用多种动员方式还能从多个角度和多个侧面使志愿者更全面地领会动员意图，有助于提高动员效率。因此在方式层面展开混合式的动员实践也就成为志愿者组织的必然选择。

对此，一个典型的例子是高校“青年志愿者联合会”等志愿组织的动员行动：作为学校团委或学生工作部门直属的学生组织，出于工作任务、宣传或大型活动的实际需要，“青志联”往往会先利用传统的组织动员或宣传动员的方式，在全校各志愿服务队伍中布置志愿动员和服务的任务，然后要求各志愿队伍自行吸纳学生参与并完成安排的服务任务。在这一过程中，“青志联”与全校各志愿队伍间达成的即是传统的行政化动员关系，而志愿队伍与志愿者个人间则往往混杂有多种动员方式。

第四节　充满现代性的动员手段

动员手段是动员方式的具体体现和存在形式，是动员系统中的活跃因素，昭示着动员方式未来发展的趋向。在志愿组织使用的众多动员手段中，新技术和物质激励的影响最大，也最能体现转型期社会的特征。

一、以新技术手段为平台

转型期的中国正在经历工业化与信息化相叠加的高速发展，

科学技术全面嵌入并改变着社会生活。基于互联网和新媒体技术的动员手段在志愿动员活动中已有广泛应用，其中既包括网站、论坛、博客、贴吧等传播平台，也包括QQ群、微博、微信等互联网通信工具或社交媒体，主要有以下五大优势：一是内容灵活、多样、丰富，吸引力强；二是传播不受时空条件限制，传播效率极高；三是对动员的硬件条件要求低，动员成本小；四是互动性好，充分利用受众个人的社会网络，易于引发二次传播，扩大了动员范围；五是作为时尚文化有长久的生命力和感召力。这使得互联网动员手段在短短几年内便获得了急速发展和应用，并有望引领志愿动员的未来。

需要指出的是，尽管调查显示有一半以上的被访志愿者都能接受以互联网工具为代表的科技动员手段，但它同样存在短板。一方面，志愿动员信息很容易被淹没在客体收到的海量信息之中，虽然信息从主体到客体之间的传播时间缩短了，但被客体提取和获知的时间却延长了；另一方面，对于占志愿者群体相当比例的老年人而言，互联网特别是移动互联网自然是一道难以逾越的技术障碍，动员效率反不如传统手段。如：

> 我们在动员的时候尽可能多地使用不同的宣传方式，让更多的人接收到我们的动员信息，也会考虑到事情的轻重缓急，如果事情比较紧急，那么电话动员最好不过了。(150527J_a2)
>
> 有些老年人不会上网，我们不会只通过QQ群发布消息，以防老年志愿者无法知晓信息。(150527J_a1)

二、以物质激励为手段

社会转型强化了人际互动中个体化、原子化、市场化的倾向。对于志愿动员而言，志愿者个体愈发强调从个人立场出发作出是否参与志愿服务的理性判断。对此，志愿组织也应重视使用经济或物质激励作为动员手段(见表5-1)，以最大限度地吸引公众投身志愿活动。特别是来自社区和企事业单位的志愿者组织，由于经费相对宽裕，物质激励手段相对更普遍。

表 5-1　　志愿者所在志愿组织的激励措施(N=390)

激励措施	频数
获得荣誉表彰	198
优先获得志愿组织或其他志愿者提供的服务	76
获得物质奖励(比如奖金或物品)	73
升学、择业或晋升获得政策性优惠	29
没有任何奖励	14
合计	390

同时，精神激励与物质激励的界限愈发模糊，两种激励手段经常被融合使用，事实表明这种激励是有效的。一些志愿活动组织者也声明，这并不意味着要将志愿精神物质化，而是试图以看得见的方式向志愿者表达社会的尊重和敬意。

> 每年每月做了什么事，积多少分，盖上章，1 分所对应的是 1 元，可以通过积分兑换相应的服务或实物。(150611A_c)
>
> 每年会评 3 个优秀义工，有 1000 元的奖金和一个证书。(131209H_d)
>
> 律师从事公益服务会记录工作量，并与精神文明奖(1500 元奖金)、晋升、推优等激励措施挂钩。(140107B_d)
>
> 每年评选优秀志愿者，并且还发放 600 元奖金。(150707B_d)

经典的志愿服务强调建立在公共利益和公民互助基础上的自愿性和利他性，是一种典型的价值合理性："他的行为服务于他对义务、尊严、美、宗教训示、孝顺、或者某一件‘事’的重要性的信念，不管什么形式的，他坚信必须这样做。”[①]而直接的经济或物质刺激很容易蜕变为工具性或目的性，使人产生为了物质刺激才去参与志愿服务的错误动机，可能在一定程度上违背了志愿精神的本质。事实上，有些社区志愿者组织就反映这样的物质激励已经产生了负面作用：“很多老人说我想做志愿者，并不是为了你这个钱，你给了我钱之后我会有一种心理压力。”(150414A_c)这种趋势需要警惕和预防。

对此，“服务换服务”的办法可能更为合适。如：“潍坊、泰安等市向优秀志愿者提供免费体检、赠阅图书报刊等活动……威海市出台《威海市志愿服务回馈嘉许办法(试行)》，志愿者可根据累计时长享受法律、医疗、餐饮等社会爱心行业单位提供的诸多优惠活动。”[②]这样既能有效调动志愿者参与的积极性，在不涉及利益的情况下充分表达社会舆论对志愿服务的支持和鼓励，又能形成义务服务供需关系上的良性循环，值得推广和提倡。

第五节　有针对性的动员策略

动员策略是指志愿者组织为改善社会动员的效果，因应动员对象和动员条件的具体情况，在动员活动中体现出的谋划和设计。它反映了志愿者组织进行社会动员时的主体性、实践性、创造性和特色化，是一线志愿者动员智慧的真实总结。调查表明，按需动

① [德]马克斯·韦伯：《经济与社会》，林荣远译，商务印书馆1997年版，第57页。

② 山东省文明办：《山东省五方面推进志愿服务常态化制度化》，中国文明网，2016-04-18 http://www.wenming.cn/syjj/dfcz/sd/201604/t20160419_3298917.shtml.

员、项目动员、品牌动员和多种激励方式的动员是志愿者组织较常使用的动员策略，并被动员对象广泛接受，动员效果较好。

一、紧扣需求进行动员，提高志愿服务专业性

一般而言，志愿组织的服务对象对服务资源的需求是千差万别的，这些资源的类型、数量、质量以及投入方式各有不同。因此，志愿组织在动员时充分考虑服务对象的切实需要，有针对性地动员相应资源，可以提高资源配置效率，使动员得来的每一种资源都能在服务中充分发挥作用，有效地增强动员效果和服务专业性。

志愿组织首先需要考虑的是救助资源类型的侧重。例如，济宁WL志愿组织的帮扶对象之一是贫困儿童，他们相对于老人、病残人士等生理弱势群体而言更需要资金而非义务服务，此时志愿组织在动员时便会倾向于资金的募集。确定了资源类型之后，志愿组织还要根据具体的服务对象进一步确认要动员的亚类型，并与一般志愿者的招募相区别："在动员志愿者的时候，我们对志愿者一般不作任何要求，只要大家有兴趣、有爱心、有时间我们就欢迎。除非是一些比较特殊的服务对象，我们会做出要求，比如会招募修脚师傅为福利院老人修脚，会招募英语学得比较好的志愿者充当国际志愿者。"(150613A_b)

此外，按需动员还要求志愿组织事先评估好待动员资源的数量，以合理规划动员所得的资源，否则不但将造成资源浪费，而且可能给被动员者带来负面影响，增加未来动员的难度，如："我们在动员志愿者时都会提前做好规划，计算志愿者需求量，使得人人有工作，尽量避免志愿者浪费。因为很多时候，有的志愿者来到我们这里一看，没啥活干，下次他就很有可能不来了。"(140106B_f)

二、设立项目开展动员，推进志愿服务规范化

转型前社会的志愿动员往往直接嵌在资源分配体系的具体运

转之中。从某种意义上说,动员只是一种工作方法而非工作内容。原有的社会体制和轨道打破后,志愿动员作为一种社会活动被剥离出来,需要构建志愿项目这样一种新的容器或路径予以容纳。

项目动员可以看作规范参与者行动的一整套计划、方案、约定的统称。志愿动员的主体和对象在平等协商、互惠互利的基础上确定这套规范,并以此履行权利和义务。这使得基于项目的志愿活动既有规范性和严肃性,又能充分发挥动员对象的能动性。如贵州一志愿者说:

> 贵州的爱心教室,就是我为这些年度经济人物量身打造的,我会提前和和希望小学那边沟通,看他们有什么需求,然后再和这些企业家对接信息……实实在在地让他们花了钱,还花得有价值。这些企业家们不吝啬花钱,但是他们会觉得你做这个事得靠谱,你得让我愿意,让我受触动、受感动,愿意为别人去做。(150520A_e)

对于企业家等相对特殊的志愿者群体,引入志愿项目还可以使动员更具针对性。例如JNQCYG组织发现,商业人士往往具有参与志愿服务的意愿和充沛的可动员资源,但缺少直接参加志愿服务的时间。所以他们常常在社交活动时通过介绍志愿项目来动员后者,效果较为理想。

进一步讲,项目动员使动员主客体间建立起较平等的契约关系,防止出现社会转型前国家或政府作为权威性力量带来的强制或半强制的动员,有利于促进志愿者组织与志愿者之间的长久合作,也符合社会体制转轨后市场化、自由化竞争的总体氛围。特别是对于民间草根志愿组织等体制外志愿者来说,这样可以获得与动员对象积极沟通的机会和空间,有助于提升动员成功的几率。另一方面还可以尽可能地避免因志愿者流失导致的服务中断。

三、树立品牌进行动员,倡导志愿服务精品化

项目化运作使志愿动员活动成为可识别、有归属、能比较的一种文化成果,这为志愿组织进一步打造志愿动员品牌、推进志愿服务精品化发展提供了可能。志愿动员品牌可以被理解为特定的志愿组织培育的、有代表性和影响力的优秀志愿动员活动,并通过一系列文化符号展现出来,形成文化和舆论上的辐射效果,进而吸引公众的关注和参与。许多志愿组织都非常重视这一策略,重视品牌、建设品牌、打造品牌已成为志愿组织追求的工作目标之一,他们认为:"发展到一定程度后可以逐渐拓展主题,并加强品牌意识的建设,这对扩大影响、吸引参与很有帮助。"(131214H_a)"活动计划首先要保证传统品牌活动的连续性。"(131215H_a1)"把热线做成青岛的一个品牌。"(140106B_f)从中也可看出建设志愿动员品牌的几个步骤:先是有意识地在各种志愿活动中分辨和选择有培养价值的项目,然后对其重点关注和投入资源(例如其他活动的计划都要为其让路),使其社会影响得到持续传承和强化,进而内隐地吸引志愿者主动参与,获得较好的动员效果:

> 其实并非是JNQC义工去动员他人来参与,而是有许多人慕名而来想要参与活动,JNQC义工只是提供了一个平台,有这种志愿意识的人看到就会自愿参与,因此并不需要花费很多气力去动员志愿者加入。因为JNQC义工这些年所做的实打实的事情,不光出钱出力,还付出真心,大家已经信赖咱,知道JNQC义工不是忽悠人的,也不是做表面文章的。(150520A_e)

当然,树立口碑、传播声望并非一日之功,因此尽管众多志愿组织均意识到了动员品牌的重要意义,但并未视其为日常的主要动员策略。不过,在许多行政力量看来,品牌化动员一定程度上应用了前改革社会"树立典型—宣传典型—复制典型—树立新典型"

的经典动员技术，值得在推动志愿服务事业发展的工作中单独加以推广。2015 年 8 月，山东省青年志愿服务交流会暨首届青年志愿服务项目大赛在烟台举行，全省约 200 个志愿服务项目参与比赛。团省委纪检组长、山东省青年志愿者协会理事长谢宁对此指出："本次大赛旨在为全省志愿服务树起可参考的标杆，有效引导全省志愿服务活动的开展。所有获奖项目将汇编成册，作为志愿服务精品案例，在全省范围内宣传推广，举办这样的大赛，也是希望能够加大对志愿服务的表彰力度，激励青年人在志愿服务的道路上走得更远，推动全省志愿服务活动蓬勃开展。"① 从中可以看出志愿组织和行政力量对品牌动员策略的不同理解。

四、重视特殊条件下的动员，保证志愿服务的有效性

对于发展相对成熟或主要靠服务项目运作的志愿组织来说，其日常活动的主题和对象比较固定，志愿组织对活动的具体参与者也比较了解，动员工作一般隐藏到组织的日常管理活动之中。在志愿者看来："志愿者动员施行起来需要一个过程，也不是说时刻动员，要根据志愿者需求现状、动员人手而定，所以我们一般是有活动才动员。"(150606A_e)志愿动员的难点主要体现在特殊条件下的动员之中，主要涉及两方面情况：一是特殊的服务主题，如灾害救援、大型赛会；二是特殊的动员要求，如动员时间特别急迫、对动员对象的身份和能力有严格限制、对动员的效率和管理要求较高等。

对此，志愿组织主要从两方面着手解决。一是高度重视，将特殊条件下的动员视为锤炼自身能力、打造服务品牌的契机，如救援志愿组织积极参与各种突发自然灾害的救援行动，使骨干成员的

---

① 赵君：《山东志愿服务诞生 30 个"金牌项目"》，2015 年 8 月 18 日《大众日报》第 2 版。

动员能力在实践中得到锻炼；HY公益组织的主要参与者是出租司机，他们充分发挥职业的独特优势，成立了高考爱心送考车队，并通过车载电台搭建动员信息网，服务特色特别鲜明，受到群众的一致好评。二是特事特办，选择特殊的动员方式和手段。如动员内部成员时，“面对紧急情况，我们会直接打电话通知，以防有些志愿者接受信息不及时耽误事。”(150527J_a1)有些救援志愿组织吸纳新成员时，确定招募对象后还要求团队和志愿者之间进行双向考察，只有双向均通过才能正式成为队员。通过以上办法，志愿组织在增强社会动员能力的基础上，不断提升志愿服务的有效性和可靠性，树立了良好的服务口碑。

本章小结

社会转型是传统与现代因素此消彼长所带来的整体性的社会发展进程，转型期的中国志愿动员行动在特征上具有明显的特殊性和复杂性：

一是多元化的动员主体。其中既有政府等行政力量的推动，又有广大社会组织和企事业单位的自主参与，民间、高校、社区、企事业单位、政府等不同类型的志愿者组织都是志愿动员的中坚力量，而且动员行动各具特色，其根源在于体制转轨带来的志愿服务主导力量的变化。各种主导力量愈加重视志愿服务的动员工作，将其纳入自身的工作体系，但缺乏紧密的合作。

二是有侧重的动员客体。在人力资源中，公司职员、在校学生、工人及离退休人员等组织性强、参与意愿强烈的群体是志愿者组织的重点动员对象，精英群体和具有专业技能的志愿者也受到志愿组织偏爱。在动员财物资源时，积极争取外援、引入服务对象的帮助和分散募集是志愿组织的常用策略。

三是稳中有进的动员方式和充满现代化的动员手段。几乎所有的志愿组织都使用了宣传动员和活动动员的方式，使用组织动员和教育动员者大约各占 1/3,这体现了目前中国志愿动员行动的转型期特点。互联网平台的广泛应用和物质激励作为动员手段的影响很大,既创造了更多的志愿参与,同时也应警惕其固有的工具性。

四是有针对性的动员策略。为了适应动员对象和动员条件的实际情况,志愿组织在动员中体现出了多种谋划和设计。按需动员、项目动员、品牌动员等典型做法不但提升了动员效果,而且还显著提高了志愿服务的专业性、有效性和延续性,有助于提升服务的规范化、精品化水平。

第六章　转型期志愿者组织社会动员的主要问题

伴随着社会转型，中国志愿服务事业取得较快发展，不同类型志愿者组织动员志愿者投身于各类服务活动，增进服务对象及社会整体福祉，志愿者个人也获得了锻炼成长。但调查发现，志愿者组织的社会动员总体上尚处于发展的初级阶段，仍然面临着诸多困难，一些突出问题制约了其可持续发展。为加强志愿者组织的动员能力，促使更多民众投身志愿服务事业，壮大志愿服务力量，我们基于大量经验材料，从动员主体、动员客体、动员活动及动员环境四个方面总结和分析志愿者组织动员面临的问题，并提出相应的对策与建议。

第一节　动员主体存在的问题

各种类型的志愿者组织是动员活动的组织者或发起方，是志愿动员的行为主体，在动员过程中占据主导地位，其总体发展水平直接影响志愿动员的水平和效果。此次调查的六类志愿者组织在社会动员方面的问题主要表现在以下几方面：

一、缺乏有效整合与协调机制

(一)志愿者组织自身缺乏明确的使命和战略规划

组织宗旨、组织使命以及组织战略规划决定着组织发展的方向与途径。调查发现,有些志愿者组织缺乏使命感和清晰愿景,没有制定明确的战略规划,不能全面把握社会发展形势和民众需要,难以积极主动地参与到社会服务中去。有的组织并不是根据民众需求和社会公共利益需求成立的,项目安排或活动设计不够长远,临时性、任务性特点突出。有的组织开展活动仅仅为了体现其政绩,或者为了完成上级领导指派的任务。这样的志愿组织很难吸引和动员真正以志愿精神为追求的民众参与。

(二)志愿者组织动员力量缺乏有效整合与协调机制

目前,不同类型的志愿组织都在想方设法地开展动员工作,但相互之间分散管理、各行其是,缺乏统一的协调机制,资源难以有效整合。正如一位志愿者所说:“志愿者组织管理混乱,同样是做好事,有的来自文明办,有的来自妇联、有的来自老龄委,有的来自民政部,有的来自残联,还有来自草根的,真的很多样。”(131217A_f)这导致了两方面问题:一是志愿服务资源配置无序,经常出现需要时找不到、不需要时来一大批的现象,服务供需难以顺利对接,既浪费志愿服务的资源,也违背志愿服务的初衷。调查座谈中,一位组织负责人讲:“我们(医院)可以每次抽出一两个专家,到敬老院、社区,针对老人或居民进行健康宣传,讲健康教育,这样(的事情)可以做到。”而同时在场的另一个志愿者组织负责人却指出:“上次我们就公开征集医疗人员,给老年人做个体检,就没有征集上来。”(131208H_f)这种情况反映了组织之间的信息对接不良问题。二是各级管理主体相互竞争,争人员、争场地、争品牌。“慈善义工从属于慈善总会，青年志愿者从属于共青团，社区志愿者从属于民政，红十字志愿者从属于红十字会，老龄志愿者从属于老龄委，妇女志愿者从属于妇联，他们相互之间都有竞争。”(131217A_f)甚至有的志愿者在多个管理组织主体注册，使得志愿者真实情况难以掌控。像志愿者所反映的：“志愿者注册存在重叠的情况，民政口掌握这些人，宣传口也掌握这些人，到了社区里必然就会有重复，上面应该统筹一下……志愿者信息需要有一个总指挥。”(150611A_c)这既不利于开展志愿组织有效动员，也影响了志愿活动的顺利进行。

二、缺少自觉的动员意识

志愿者组织动员工作是志愿服务开展的基础条件和重要保障，也是将志愿者和志愿服务活动真正连接起来的必要环节。调查发现，各类志愿组织或多或少存在实际上的动员行动，但很少形成自觉、明确和系统的动员意识或理念。志愿者问卷结果显示：“缺少对志愿者动员重要性的认识”是志愿动员工作中最突出的问题(见图 6-1)。某社区志愿者组织负责人甚至说：“我们压根儿不需要动员，有事通知大家，基本上有空的都会来。”(150619A_c)某医药志愿团队负责人说：“志愿者无需专门动员招募，自己的员工都可以是志愿者。”(131210H_d1)究其原因，一方面与长期形成的行政化动员传统有关，致使一些志愿组织习惯于听从上级部署与安排；另一方面也与志愿者组织的自身能力不足有关。

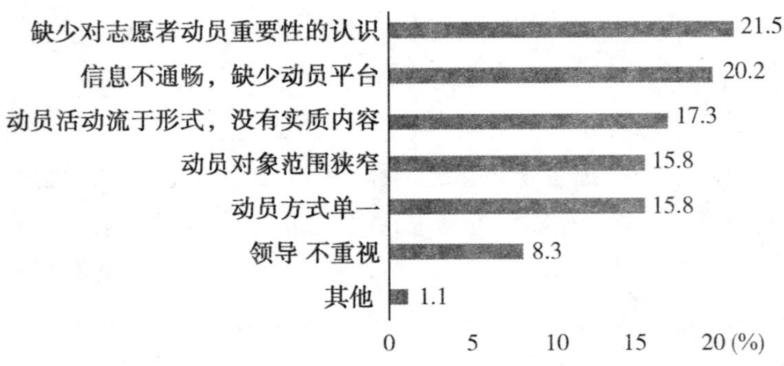

图 6-1　志愿者组织动员过程中的主要问题（N＝235）

三、组织建设能力不足

志愿者组织能力建设关系到志愿者队伍的稳定和进一步扩展。调查发现，志愿者组织在培训、激励和保障等方面的规范化、专业化、制度化水平有待提高，难以遏制志愿者的流失，也不利于有效激发动员客体的参与热情，削弱志愿动员效果。

（一）培训机制不健全

对动员对象开展培训是提升志愿者能力、提高服务质量、增强组织影响力的重要手段。志愿者活动缺乏常规技能培训，可能导致部分志愿者人才的流失，丧失争取志愿者资源的机会。调查显示，目前志愿者组织在对志愿者培训方面比较欠缺，超过两成的志愿者表示其所在的志愿者组织几乎没有举办过任何形式的培训（见图 6-2）。其他志愿组织在培训方面也存在着不同层面的问题。

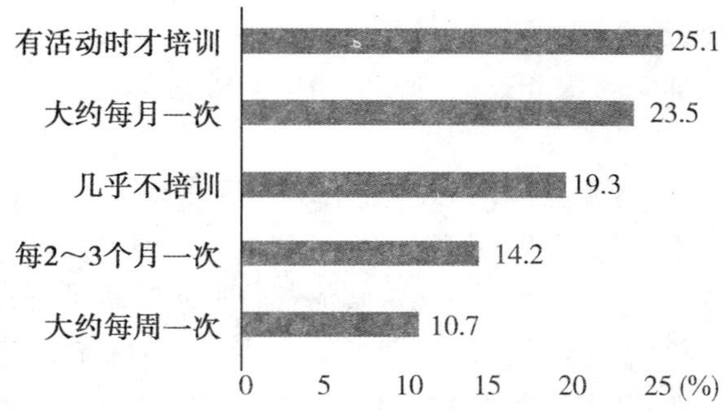

图 6-2 您所在的义工组织大约多长时间培训一次（N=347）

1. 培训人员不足

调查显示，目前志愿者组织培训人员缺乏。有志愿者说道："我们的培训通常是组织内部经验丰富的志愿者向其他人介绍经验，内部交流，从来没有从组织外面请过专业人员开展过培训。"(131215H_a1)有志愿者组织负责人直接提出："要动员更多人加入服务队伍，需要挖掘专业人才进行专业化培训，而不是说随随便便的一个人都能给志愿者做培训的。"(140106B_f)

2. 培训内容偏差

对于志愿者而言，做好志愿服务既需要树立志愿服务理念，端正志愿服务态度，还需要具备本岗位要求的基础技能与专业技能。然而目前志愿者组织的培训对此并不均衡，有偏差等倾向，有的重理论、理念层面，轻实践、技能层面。如一位志愿者组织负责人谈道："我们的培训主要是志愿服务的理念、基本礼仪的培训，每次活动之前，领队也会进行简短的培训，告诉大家一些注意事项。"(131210H_d1)有的重服务技能，轻服务精神与服务理念，另一个志愿者组织负责人说："我们的培训主要是服务礼仪、工作规范、沟通技巧、手语等一些基本的工作技能和规范，这与我们作为服务窗口的身份有很大的关系，至于专业性的价值观、伦理守则等理念层次的培训，从没有接触过。”(131210H_d2)要做好志愿者的培训，需要在服务理念与服务技能两方面给予同等的重视。

3. 培训形式单一

调查发现，各个类型的志愿者组织均或多或少地存在培训形式不正规和单一化问题。如：“我们的培训形式不大正规，就是平时大家内部交流，分享经验而已，其他各种形式的培训都没有实施起来。”(131215H_a1)“现在培训形式有点单一，除了传统的开大会式的培训外，其他就没有什么培训了。其实我们各个组织完全可以相互培训，汽车北站可以拿出它的服务理念培训，医院可以拿出医疗知识，慈善总会可以拿出法律法规对大家进行培训，这就是资源共享。”(131208H_f)

4. 培训频率过低

调查发现，有的组织能够根据自身实际定期开展经常性的培训工作，但也有不少组织习惯采用临时培训法，即有活动时才培训。调查问卷显示，25.1%的志愿者表示自己所在团队有活动时才会培训(见图 6-2)。现代社会的志愿服务对培训服务专业化、规范化和持续化的要求越来越高，作为教育动员的手段，培训欠缺、培训内容与形式不当以及缺乏持续性等问题必然影响志愿者的积极性和服务质量，也不利于吸引更多的潜在志愿者加入。

(二)激励机制薄弱

作为重要的动员手段，激励机制可以促使志愿行为持续化，从而对志愿动员产生积极效用。调查发现，不同类型的志愿者组织虽能实施一定的激励措施，但符合国际惯例的激励机制还远未成熟，激励制度尚不健全与完善。

1. 激励措施不够健全

调查发现，受“毫不利己，专门利人”传统志愿服务观念和资金短缺等条件的影响，目前各类志愿者组织的激励机制普遍不够健全,许多志愿组织负责人单纯地认为,志愿服务就是做好事,不应该追求任何形式的回报;有些组织虽然有激励行为,但制度化水平很低。如有的组织:“没有建立明确的绩效考核,都是我们根据他们(志愿者)的表现,对其进行表扬或激励的,比如日常暗中观察在志愿服务过程中谁比较积极。”(131210H_d1)“大家在志愿服务活动中都比较积极,都没有偷懒的,所以我们也就没有特别严格的激励制度,基本都是靠大家自觉。”(131210H_d1)针对山东省慈善义工队伍的调查发现,有 25.9%的调查对象没有受过任何奖励(见图 6-3)。访谈中有志愿者明确表示自己的不满:“义工这一块虽然说是自愿的,但毕竟也是个组织,每个人的积极性总得去调动。每年慈善总会搞评选,有义工、有义工组织,但比例太小。我觉得义工不需要物质上的奖励,绝对不需要,只需要你精神上的支持,不管他一年只做了一件事情,还是做十件事情,都值得你去表彰。我觉得现在这个社会,义工人数比较少的情况下就应该搞这种宣传表彰。”(131219H_e)

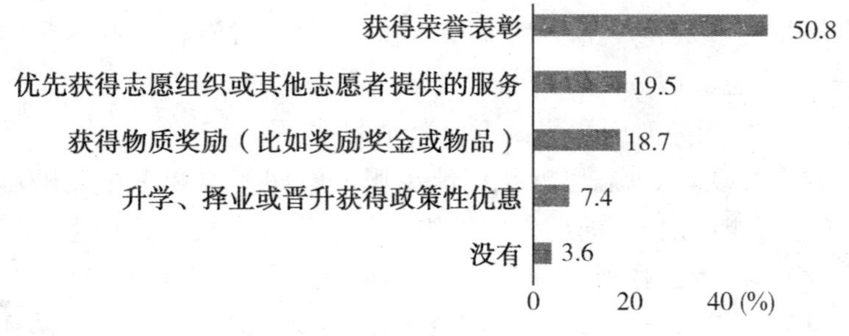

图 6-3 志愿者曾经所获奖励(N=241)

2. 激励内容比较单一

调查显示,志愿者组织对志愿者的激励仅限于颁发证书、纪念品、举行表彰会、授予荣誉称号等精神鼓励,尚缺乏具有吸引力的政策激励，比如志愿者在升学、就业、晋级晋职时优先考虑、获得专业进修全额资助等措施相对较少，至于物质性奖励更为缺乏（见图6-3）。除不具备物质条件之外，这一问题还与考核标准难以确定、志愿组织的观念传统有关。一些志愿者组织负责人认为，参与志愿服务就是为了献爱心，做好事，不在乎是否有奖励。有志愿者说："我们团队每年评优秀义工，数量很少，每年3个，有1000元的奖金和一个证书。这对动员大家参与作用并不大，因为即使没有这个，大家也会去做。……而且大家也不是很在乎这个，据我所知，大家拿了这个钱基本就捐了或者请部门的人吃饭了。"(131209H_d)

志愿者队伍的壮大与激励机制直接相关。志愿者从事的不是简单的免费劳动，在创造社会价值的同时，应该得到社会以及志愿者组织的必要激励，虽然他们的服务源于爱心，但没有哪一项事业仅仅依靠爱心、激情就能长久地支撑下去。志愿者组织需要不断探索建立科学有效的激励机制，维持志愿者的参与热情，让他们在服务中感受快乐，获得回报，否则只能挫伤志愿者的服务积极性，对志愿精神和文化产生不良引导，同时削弱了对潜在人群的吸引力，不利于志愿服务事业的长远发展。①

3. 缺少服务时间积累制度及奖励制度

调查发现，不少志愿者组织缺少服务时间积累和考核奖励制度，各地区组织之间、同地区的组织之间在志愿者资格认证上互不通气，当志愿者工作所在地发生变化时，无法连续积累服务时间，这也是志愿者参与动力不足的重要原因。

（三）权益保障机制不完善

志愿者权益保障涉及法律、劳动、保险、医疗等多个方面，直接

---

① 参见李芹、于琳：《青年志愿服务：影响因素与问题分析》，《青少年研究》2011年第2期。

关系到志愿者队伍的稳定性以及民众对志愿服务事业的认同与参与。目前，对志愿者的性质、地位、权利、服务范围和保障缺乏明确的法律界定，志愿者从事危险服务没有相应的人身保险，志愿服务活动出现纠纷后，难以有效保护志愿者权益。这不仅影响了志愿者的服务热情，而且还使民众望而却步。调查中，一些救援类志愿组织表达了这方面的担忧："我们出去开展活动都是非常危险的，如果出了意外怎么办？"(150707B_f)许多志愿者建议，应该为志愿者购买意外保险，解除志愿者服务中的隐忧。"我们参与活动的志愿者大部分年龄较大，群体太特殊了，所以医疗保险、人身保险、意外保险等都需要。"(150706B_f)

志愿者权益保障不完善还表现在志愿者服务过程中的合理补贴难以兑现。一些志愿服务地方条例对此已有规定，比如《上海市志愿服务条例》明确提出，对志愿者在从事志愿服务活动中由本人所支出的交通、误餐等费用，志愿服务活动的组织者可以给予适当的补贴。[①] 但在很多地方，志愿者的"不计报酬"常常被理解为义务性质或不应获得报酬，加之受我国"学雷锋做好事不留名""义务劳动讲无私奉献"等传统观念的长期影响，志愿者本身也不好意思主动提出要求，以致极少有志愿者组织为志愿者发放足额的交通、食宿等补贴。志愿者参与志愿服务，奉献了时间和精力，最后还要自己垫钱。

从志愿者组织角度来看，保障机制不完善主要与组织运行缺少资金和物资有关。目前志愿服务活动的经费主要依靠财政拨付、企事业单位支持以及社会与个人的捐助，但实际上政府的支持经费并不够，社会捐款数额大多不稳定，其他筹资渠道又有限，志

① 参见《上海市志愿服务条例》第20条(2009年4月上海市人大常委会第十次会议通过)。

愿者组织普遍存在资金不足的困扰。[1] 在这种情况下，许多志愿者组织只好依靠志愿者个人筹集资金，比如："通常都是我们自己掏腰包，没办法，组织也没钱，想办活动自己就得牺牲一点。"(140106B_f)即便是具有政府色彩的志愿者组织同样存在经费不足问题，"志愿服务活动经费都是从局里调配，……并没有志愿活动经费的专项资金。"(150706B_f)

第二节　动员客体存在的问题

一、参与动机存在偏差

调查表明，许多志愿者参与志愿活动的动机并不是建立在对志愿服务的正确认识上的。他们或图一时新鲜和热情，或仅仅将志愿服务当作一种时尚行为。比如："很多的志愿者都是刚开始很有激情，但是持续性很差，因为他们参与志愿服务的目的是重在体验，没有真正的内化到服务和责任上来。"(150706B_f)甚至有些人属于"个别思想不纯，为了达到个人目的而加入组织的成员，比如做广告的商家、游手好闲的观望者等也都会参与志愿服务活动。"(131215H_a1)志愿动员如果以这样的动员对象为基础，势必削弱动员的效果和质量，给志愿服务事业抹黑，阻碍其长远发展。对此，不但需要强化志愿者招募时的甄别机制，还需要下工夫宣传和营造良好的社会舆论氛围，以扭转动员客体对志愿服务的错误认知。

① 参见胡卫萍、陈世伟：《我国慈善义工活动存在的不足及其法律对策》，《江西社会科学》2011 年第 12 期。

二、志愿者流动率与流失率偏高

调查发现，志愿者流动率与流失率偏高成为制约志愿者组织发展的瓶颈之一。本书调查了“阻碍志愿组织发展的内部因素”这一问题，排在首位选项的即是“志愿者流动性大，参与活动的持续性较差”(见图 6-4)。访谈中，志愿者组织负责人对这一现象也有强烈反映：“有些人报名参加几次活动就找不到人了。”(140102F_f1)“志愿者流失比较多，有的人最初就不打算长期干，有的人是干着干着就没有了热情，无法长期坚持下去。”(131209H_e)志愿者队伍不稳定直接导致志愿服务难以得到有效的人力保障，妨碍志愿者组织的管理与活动安排，对其他志愿者的服务热情直接或间接地带来不良影响。

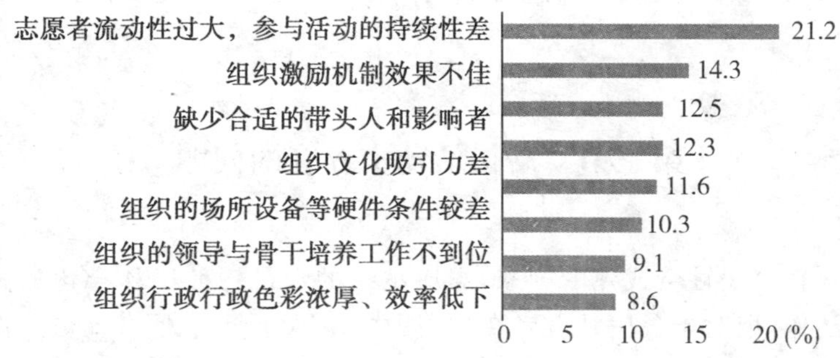

图 6-4　阻碍志愿组织发展的内部因素($N=235$)

志愿者流失以及过高的流动率除了与组织自身管理能力薄弱、服务活动过于单一化形式化有关之外，还与志愿者在多个组织重复注册有关。调查发现，许多志愿者在多个志愿组织注册，不仅造成组织成员信息失真，而且还导致服务活动开展时人员安排受阻。邹城志愿者组织反映，有的志愿者“从组织成立时就开始从事志愿服务活动，先后在三个不同的志愿服务组织中做志愿者，进行志愿服务活动，并且在各个志愿者组织都有注册的合法身份。”(131215H_a1)如果几个组织同时开展服务活动，志愿者必然分身无术，给组织计划和安排带来困扰。

目前大多志愿者组织尚未建立志愿者退出机制，注册志愿者“只进不出”，人离开了，名单还在，造成一些志愿者组织的“虚肿”。比如济南市最大的志愿者组织QC义工，注册志愿者多达13万人，但实际能坚持持续服务的不到万人，长期不参加志愿服务的志愿者并未从注册名单上删除，这不仅导致组织成员信息失真，而且还造成志愿组织的执行力不足，影响志愿者组织的公信力。① 访谈调查时组织负责人说：“有的志愿者退出了并不会对工作人员说明情况，也有的志愿者会因为个人情况暂缓志愿服务，等问题解决了再次回到队伍，所以很难界定退出与否。”(150520A_e)可见志愿者的流动、流失、除名不规范等给志愿者动员和组织管理带来一定的困扰。

第三节　动员活动中存在的问题

在公民社会成熟的国家，志愿组织的动员一般以社会化方式来运作，但对于公民社会尚在构建中的中国社会，志愿者动员工作存在着路径选择问题。② 志愿者组织动员活动过程中面临的主要问题表现为动员方式单一、动员手段现代化不足、动员力度欠缺等方面。

---

① 参见李芹：《中国志愿服务组织面临的问题及其影响因素浅析》，“城市发展与社会政策国际学术研讨会”参会论文，2010年。

② 参见蔡勤禹、刘巧胜：《转型期志愿动员问题探析》，载上海市慈善基金会、上海慈善事业发展研究中心编：《志愿服务与义工建设》，上海社会科学院出版社2007年版，第93～107页。

一、动员方式较为单一且传统

调查显示，志愿者组织动员方式的多样化程度还不高，动员方式比较固化：如政府和企事业单位志愿者组织主要依靠命令式、权威式的组织化动员，辅以宣传动员。正如一位志愿者所反映的："我们现在很多服务项目都是通过强制命令的形式动员的，服务项目常态化，动员也难。"(131209H_e)社区类志愿者组织则以面对面式的教育动员及精英人物为骨干的参与式动员为主，"居民比较认可核心成员和志愿者的付出，愿意成为志愿组织的一员。"(150619A_c)单一的动员方式使动员活动缺乏活力和创新，削弱了动员效果。其原因主要与各组织的工作惯性有关，同时也受志愿者自身文化程度的影响，但最重要的原因是单位制没有完全退出，行政化动员依旧有一定的作用空间。综观几类志愿者组织，行政化动员在志愿者组织内部使用较频繁，行政命令、家长式作风、强制与半强制动员比较常见，尤其在公有制单位或政府类志愿者组织中表现明显：

> 领导下发通知要求下属单位成立志愿服务队，根据实际情况志愿服务队成立专门的志愿服务小分队……具体动员志愿者的时候，开动员大会，举行启动仪式，在职人员对志愿活动进程作具体的规划，发动志愿者参加，整个动员过程还是依托行政部门。(150706B_f)
>
> 在动员上，我们大方向上是行政性统摄，例如重大志愿者日、活动宣传日等，我们集团总部的组织者都会进行项目的组织和架构，并且统一组织。(150707B_d)
>
> 关于动员方式，我们还是以行政化动员为主。(150606A_e)

二、动员手段有待进一步改进

线下、线上动员相结合是新媒体时代对志愿者动员产生的新要求。但调查发现，一些志愿者组织的动员手段相对落后，现代化的动员手段运用远远不够。“总的来说，我们红十字会的志愿者动员以组织化的动员为主，同时辅以行政动员和宣传动员。”(150707B_f)“以传统动员为主，新型媒体使用较少，只有QQ群。”(150625A_c)受年龄与教育水平制约，社区居民志愿者组织更多使用传统动员手段。有人反映说：“在我们社区，传统的动员手段更能接受，因为居民年龄偏大，新式的动员对他们来说反而是负担，许多居民向我们反映他们看不到短信之类的。”(150611A_c)“关于志愿者动员，基本还是传统的方式居多，新型的方式比较少，(动员)主要通过组织的网格化，一层一层往下传达。”(150609A_c)

三、动员客体固化，动员力度不足

调查发现，志愿者组织的动员客体有逐渐固化的倾向。社区志愿者组织主要动员中老年群体，很少涉及其他年龄段。因为“年轻人基本都比较忙，抽不出时间来参加我们的活动”(150617A_c)。高校志愿者组织的动员对象仅局限在学生群体，很少涉及教职工；政府志愿者组织没有动员机关工作人员之外的先例，而企事业单位志愿者组织更是“动员对象全部是我们集团内部职工。”(150706B_d)这除了与相关组织自身社会化程度较低有关之外，也说明组织间资源链接效果不好，特别是志愿者个人的社会网络和社会资本没有得到充分的施展和使用。志愿者组织的动员工作显现出疲态，许多动员活动只是靠行政命令在维持，使志愿服务活动失去了“志愿”意义，这是非常需要警惕的一种现象。

调查还发现，有些志愿者组织对动员工作有懈怠情绪，由于志愿项目常态化、长期化运作，许多志愿者组织在整个志愿服务项目的策划、组织、动员过程中无法长期保持充足的力度。

第四节　动员环境存在的问题

志愿者动员能否顺利达到目标，依赖于特定的社会环境和条件，然而目前中国志愿者组织在法律法规建设、政府支持、社会认同及国际交流等方面还面临着一系列问题。

一、志愿服务法制化进程慢

我国《宪法》鼓励志愿服务活动，一些具体的法律也倡导对弱势群体施行志愿服务。1998 年，国务院修订了《社会团体登记管理条例》，同时颁布《民办非企业单位登记管理暂行条例》，其中提到志愿者活动可以通过社会团体和民办非企业单位等载体来开展。近年来，随着民众志愿服务热情的高涨，特别是伴随着依法治国进程的加速，志愿服务地方立法步伐开始加快。1999 年 8 月，《广东省青年志愿服务条例》通过，这是中国大陆第一部关于青年志愿服务的地方性法规。随后，黑龙江、福建、河南、浙江、北京、山东等省市人大，以及南京、宁波、杭州、深圳、成都等拥有立法权的副省级城市人大，纷纷以制定“服务条例”“决定”等方式，完成了本地的志愿服务立法。截至 2015 年底，已有 20 个省份和 20 个具有立法权的市相继颁布了地方性的志愿服务法律法规。[①] 2016 年 3 月颁布的《中华人民共和国慈善法》第一次从国家法律层面详细规

① 参见中央文明办:《精神文明建设工作简报》2015 年第 50 期，http://www.wenming.cn/wmcj_pd/gzjb/201602/t20160205_3137683.shtml.

定了慈善活动志愿者的招募、培训、公示、管理等要求。这些法规的出台，对于动员更多民众加入志愿服务事业、推动各地志愿服务健康发展发挥了重要作用，标志着中国志愿服务事业进入到有法可依的新阶段，为推进志愿服务活动规范化发展提供了有力的法律保障，为全国性立法提供了重要借鉴。[①]

但也应看到，全国性的志愿服务法制化进程较慢，地方性立法多以原则性的规定为主，志愿服务的法律主体、法律责任和法律义务模糊而笼统，其中存在着“法律规范不完善，法规效力等级较低，有关的规定过于笼统、缺乏可操作性等是目前我国志愿服务地方立法中存在的最主要的问题”[②]。由于缺乏国家统一的法律支持与约束，志愿者在为他人服务、奉献社会之后，如果遇到某些伤害，又缺乏相应的法律法规的有效保护，必然会严重挫伤志愿者的积极性，对动员民众加入志愿者组织、壮大志愿者队伍造成一定程度的阻碍。一线志愿者组织负责人和骨干谈到这个问题时，认为“政府尚未出台与志愿者保险相关的任何法律，会使很多人看不到希望。”(150527J_a1)“专职志愿者或者工作中是很重要的人才，有相关的法律文件和规定能够留住这些人才会更好。”(150527J_a1)

令人欣喜的是，2017 年 8 月 22 日，国务院总理李克强签署国务院令，公布《志愿服务条例》自 2017 年 12 月 1 日起施行。这是我国第一部关于志愿服务的专门性法规，填补了我国志愿服务领域在国家层面的立法空白，明确了志愿服务管理架构，并对志愿者和志愿服务组织的权利及义务作出要求。《条例》的出台与实施必将进一步推动志愿服务制度化、常态化发展，提升志愿服务整体效能。可以预期，随着《志愿服务条例》的广泛宣传和普遍落地，志愿者组织的社会动员会更加规范，志愿者的权利

---

① 参见李芹：《转型期中国志愿服务的基本特点》，《社会工作》2014 年第 4 期。

② 陈卓：《志愿服务保障的法制化》，《国际关系学院学报》2009 年第 1 期。

会得到更好的保障，参与志愿服务的民众会更多，服务活动也会更加符合社会的需求。

二、政府支持力度有待提高

各级政府部门是社会管理和公共服务事业最重要的主持者和提供者。志愿服务可以弥补政府和市场失灵的地带，但所赖政府支持甚大。调查发现，在志愿者动员领域，政府的重视程度和支持力度需要进一步加强。

一是政府人员没有在志愿活动中充分起到表率作用。调查发现，在志愿者群体中，在职公务员所占比例较低（见本书第一章表 1-1）；社区退休人员志愿者群体中，曾经担任政府公务员的人数偏少。有志愿者表达了这样的心声："希望政府领导能重视志愿服务工作，并以自身为榜样参加志愿服务活动。我们的梦想就是有一天，能把市委书记请到老年生日派对来为老人过生日，而且他不是作为市委书记的身份来，而是以志愿者的身份参加。"(140106B_c)

二是资金支持匮乏。调查发现，政府直接的资金支持过少，通过税收优惠或购买服务的方式为志愿者组织间接提供的资金远远不够，这对志愿组织项目设计、动员活动开展以及组织管理等都会产生直接影响。针对"阻碍志愿者组织发展的最重要外部因素"的问卷数据显示，"缺乏政府和社会的资金支持"所占比重最大(23.1%)（见图 6-5）。访谈调查中，志愿组织负责人也提出了他们的看法："政府应该提供足够的资金，有的人本身自己就不富裕，还要自己掏腰包进行志愿服务活动，不能让志愿者既出钱又出力。"(140106B_f)"政府部门还是要购买服务，志愿服务所需要的活动经费、保险等问题还是需要资金支持的。"(140106B_f)

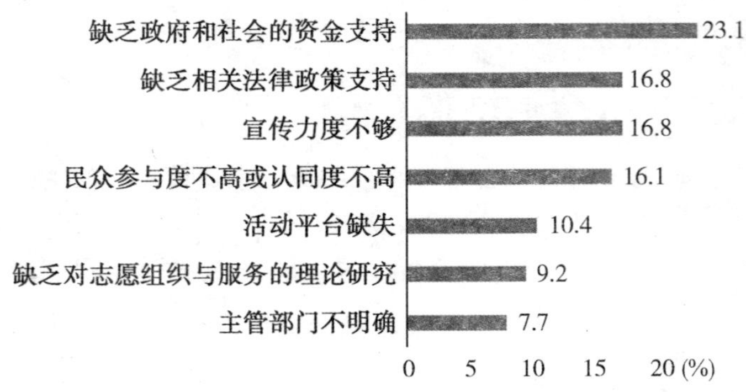

图 6-5　阻碍志愿者组织发展的外部因素（$N=235$）

三是志愿者组织准入门槛过高。长期以来，我国对包括志愿者组织在内的社会组织实行的是“双重管理制度”。1998 年修订的《社会团体登记管理条例》第 3 条规定，成立社会团体，应当经其主管单位审查同意。该《条例》对包括志愿者组织在内的民间组织在如注册、场所、规模、资金等方面设置了诸多限制，导致一些民间志愿者组织因条件限制无法完成注册，只能游离在合法身份之外，不但对志愿者组织的规范管理带来挑战，而且还直接影响组织资源的筹措与获取。有志愿者反映：“我们的组织一直没有注册，挂在科协下面，一直想申请注册，使组织合法化，但是没有成功，去年申请注册的时候因为名字又一次失败，合法化的缺失会使我们丧失很多资源，例如外国基金会在进行捐助的时候，首先看的就是组织的合法性。”①（131214H_a）

① 但是同时也有的志愿者组织负责人认为我国志愿者组织的准入门槛过低，比如青岛 LT 救援中心的组织负责人认为：“很多志愿者组织不具备相应的资格，他们同样占据资源、资金，导致资源的浪费和志愿服务效率低下，志愿服务的准入制度应该将一部分组织排除在外。”（150707B_f）

党的十八届三中全会通过的《中共中央关于全面深化改革若干重大问题的决定》明确提出，重点培育和优先发展行业协会商会类、科技类、公益慈善类、城乡社区服务类社会组织，成立时直接依法申请登记。也就是说，志愿者组织作为公益慈善类的社会组织，可以直接到民政部门进行登记，不再需要业务主管单位审查同意。但在现实操作中，政府关于会员数的规定、关于活动资金最低限额的规定、关于办公场所面积的规定等，仍然为志愿者组织的合法化划出了一道道难以逾越的鸿沟，客观上限制甚至是剥夺了他们合法成立的权利，但是从志愿者组织的意义和功能来说，他们最需要的恰恰是合法化。

三、社会对志愿服务的认同度欠缺

除了志愿者组织自行开展的宣传、教育动员外，官方或社会媒体对志愿服务的宣传和推广对志愿服务事业也具有强大的动员作用。但目前媒体对志愿领域的关注有所欠缺，正如一位志愿者所说："光志愿者本人嘴上说说肯定不行，但是现在媒体的商业化问题太厉害，让自己宣传又需要专业人才，成本实在太高。"(131215H_a1)媒体宣传的乏力直接影响社会对志愿服务的参与度和认同度。以山东省为例，全省注册志愿者只有 550 万人①，仅占全省 9500 多万人口的 5.74%，其中又有相当一部分志愿者实际上并不经常参与服务活动。

从整个社会氛围看，一些民众对志愿服务的组织形式、服务内容、加入方式还缺乏了解，有人认为志愿者就是免费的廉价劳动力，随意呼来喝去，漠视志愿服务的价值；有的单位没有为志愿者提供基本的工作保障；有的单位和机构让志愿者做超出志愿服务

① 参见《山东省注册志愿者已近 550 万人常态化水平不高》，http://www.sd.xinhuanet.com/news/2015－08/12/c_1116221449.htm.

范围的事，做他们承担不了的工作；有人对志愿服务不但不予以支持，而且还加以排斥。这些问题直接或间接地影响了动员客体的参与愿望和参与行动，对志愿服务事业发展造成不良影响。

四、与国际社会志愿服务接轨程度不够

在国际交流方面，我国志愿者组织与国际志愿者组织交流机会较少，国际合作极其匮乏，某种程度上影响了志愿者组织思维的拓展和能力的提升。[①] 在所调查的志愿者组织中，绝大多数是与国际志愿服务组织相隔绝的，仅有少数志愿者组织负责人有国外学习的经历，但与国际志愿者组织之间的交流、合作几乎没有。原因在于我国志愿服务事业没有形成自己的品牌，缺乏较强的国际影响力和吸引力。此外，与国际志愿者组织交流的机会和途径也十分缺乏。

值得一提的是，在志愿者组织学术研究方面，近年来获得了一定的发展，但相对于快速发展的志愿服务事业而言，理论的脚步远远跟不上。一是缺少较深入的研究成果，比如针对志愿者组织社会动员的系统研究成果非常缺乏；二是研究队伍薄弱，专门致力于志愿服务研究的人员极少，鲜有学校开设志愿服务课程，以“志愿服务”命名的学院更是空白；三是一些高校和研究机构的研究人员不重视志愿服务事业的研究和参与。

本章小结

志愿者组织的动员工作是志愿服务事业发展的重要环节，是将志愿者与志愿服务项目相连接的桥梁，但在转型期的中国社会，志愿组织的动员工作仍存在一系列问题：目前志愿者组织最大的

---

① 参见李芹：《中国志愿服务组织面临的问题及其影响因素浅析》，“城市发展与社会政策国际学术研讨会”参会论文，2010 年。

挑战来自于组织自身的整体能力建设不足，动员意识薄弱，主体间缺乏紧密合作体系，资源有效整合不足；志愿者组织在培训、激励和保障等方面规范化、专业化、制度化程度有待提高。公众的参与动机存在偏差，许多民众参与动机还不是建立在对志愿服务的正确认识上；志愿者流动率过高，流失现象突出。志愿者组织动员方式较为单一，行政化色彩仍旧浓厚；动员手段有待进一步培育；动员客体固化，动员力度不足。志愿者组织的动员面临着法律法规建设宣传、政府支持、社会认同及国际交流等方面的问题。动员更多的志愿者和公民投入志愿服务事业是我国社会转型的要求，也是广大民众的呼声。针对目前志愿组织动员过程中面临的问题，需要政府、社会以及志愿者组织不断创新和探索，寻求提升动员能力与效果的新思维、新措施、新方式、新技术。

第七章　加强志愿者组织社会动员的对策建议

志愿者组织是我国社会转型时期产生的新事物，尽管发展历史不长，但已充分证明它符合时代发展的潮流，遵循先进文化的发展方向，能够适应广大群众的需要，顺应当代公众将实现社会价值与自我价值相结合的行为特点，对满足民众需求和促进社会进步具有重要价值，直接促进志愿者个人和广大公众的素质提升。目前，学界及相关部门需要进一步加强对志愿者组织动员对策的研究，努力解决制约其有序发展的一系列问题，使其尽快走上规范化、持续化、法制化的发展轨道。以下从政府、组织、社会以及个人四个层面就如何加强志愿者组织社会动员提出对策建议。

第一节　创建良好的政策环境，实现制度创新

在中国，志愿者组织最早是由政府推动和指导的，其长远运作和发展必然受到国家相关制度与政策的影响。当前，志愿者组织

动员社会化水平还不够高，自主运作成熟度有限，作为政府创建良好的制度与政策环境、努力实现制度创新，对志愿者组织开展深入而持续的社会动员至关重要。

一、加强对志愿者组织的引导力度，健全完善法律法规建设

（一）明确志愿者组织社会动员的功能与价值

中国志愿事业的发展历程表明，党政领导的积极倡导与支持始终是促进志愿服务事业发展的有力保障。作为志愿服务事业的推动者和引导者，政府明确志愿者组织社会动员的功能与价值、加强动员引导力度十分重要。各级政府要把志愿服务纳入到国民经济和社会发展规划中去，将其作为当地社会建设的重要内容之一，与其他各项社会事业协调推进，并将相关量化指标纳入地区经济社会发展统计指标体系，以此进行年度考核与评估，以志愿服务促进社会和谐建设。在这方面，上海的经验值得学习，2009年颁布的《上海市志愿服务条例》第八条明确规定："市和区、县人民政府应当将志愿服务纳入国民经济和社会发展规划，支持和促进志愿服务事业的发展。"

（二）广泛宣传新出台的《志愿服务条例》

法律保障是国家有效开展志愿服务的基础，将志愿服务纳入法制化轨道是西方发达国家的普遍做法，也是志愿服务未来发展的趋势。我国《宪法》第24条明确规定，"国家普及理想教育、道德教育、文化教育和法制教育，通过在城乡不同范围内制定和执行各种守则、公约，加强社会主义精神文明建设。"志愿服务作为精神文明建设的有效载体，通过具体有效的形式践行《宪法》精神，《宪法》为开展志愿服务活动提供了根本依据，也是对志愿服务进行动员、鼓励和保护的重要依据。[①] 座谈中，许多志愿者组织负责人多次

① 参见李芹：《转型期中国志愿服务的基本特点》，《社会工作》2014年第4期。

强调加快相关立法的重要性和必要性，普遍认为制定国家层面的志愿服务法律条例，对志愿服务的性质、志愿者组织运行与管理、地方政府和社会的责任，以及志愿者的动员、招募、培训、激励、权益保障等相关内容进行明确的法律界定，对于推动志愿服务步入法制化、规范化轨道意义重大，对于在全社会形成"志愿服务是公民应尽的义务，志愿服务光荣"的共识，扩大志愿者队伍，提高志愿者服务热情和服务积极性具有深远影响。

随着我国志愿服务领域在国家层面的立法空白的填补，在有法可依的基础上，开展知法、执法的实践活动是志愿者动员工作面临的新课题，具体而言，需要加强针对动员客体（即志愿者和民众）的志愿服务法律意识教育，加大宣传普及力度。此次调查显示，仅有7.5%的志愿者比较了解当地有关志愿者法规条例，大多数志愿者只了解部分内容，甚至有人完全不了解（见图7-1）。所以在制定地方乃至全国性志愿服务法律法规的同时，应督促志愿组织管理部门以及各志愿者组织广泛开展相关法律法规和政策的普及宣传活动。

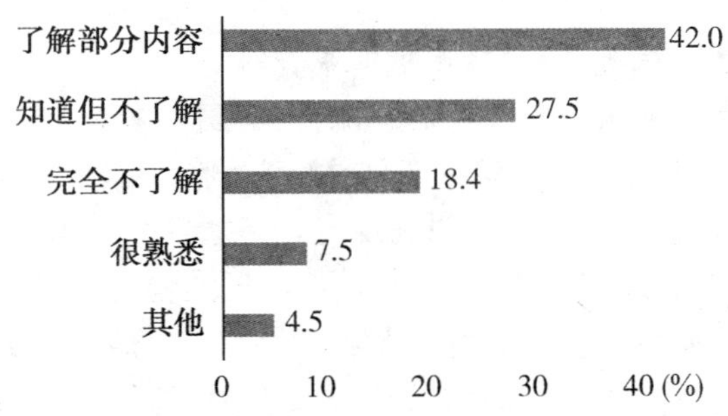

图7-1　是否了解本省本市有关志愿服务的法规条例（$N=357$）

二、加大政府政策扶持力度

志愿组织是志愿动员活动的发起者，政府加大对志愿者组织的扶持力度和政策倾斜，是志愿者组织健康发展的重要保障，也是志愿者组织有效开展动员的前提条件。对此还有许多工作需要改进和加强。

（一）进一步降低志愿者组织准入门槛

降低志愿者组织准入“门槛”，能保障志愿者组织的独立性和合法性，使其逐步实现正规化和自我管理。近年来，我国政府针对长久以来包括志愿者组织在内的各种社会组织准入标准过高的问题，有意识地降低了相关门槛。如前章所述，中央提出的四类社会组织（行业协会商会类、科技类、公益慈善类、城乡社区服务类）可以直接向民政部门申请登记的规定，使实现民间志愿者组织身份合法化的进程迈出了一大步。但在实际操作中，由于组织自身发育不成熟，尤其是在注册资金、办公场所、人员规模、组织负责人身份等具体条件上的限制，志愿者组织的注册登记仍面临一定困难。

政府管理部门应在广泛征求社会各界意见的基础上，进一步放开对志愿者组织的准入限制，逐步降低注册门槛，鼓励不同类型志愿者组织通过合法途径登记注册（比如宗教类志愿者组织、少数人群志愿者组织等类型），尤其对由弱势群体发起和主导的志愿者组织更应该给予支持和帮助，因为这类组织目前数量偏少但作用十分突出。对一时难以登记注册的志愿者组织则宜采用备案制，使之尽快获得合法身份。政府在管理志愿者组织时应明确自身定位，促进政府与志愿者组织朝着合作伙伴的方向发展，发挥各自优势，这对于增强志愿者组织活力、鼓励志愿事业发展大有裨益，同时有助于进一步扩大志愿者组织的影响力，对动员更多民众参与志愿服务产生更加积极、深远的影响。

（二）加大志愿服务经费投入力度

政府为志愿服务事业提供必要的资金，是志愿者组织开展社会动员不可缺少的条件，也是志愿服务事业全面发展的物质保障。目前志愿组织普遍存在经费紧张问题，限制了志愿组织活动的正常开展，影响了民众对志愿事业的参与。调查发现，许多志愿组织的公益活动和服务项目是靠志愿者自己的生活费和积蓄在运作，不仅资金数额少，而且往往导致出现“精神的富有者、生活的贫困者”的悖论。我们针对“希望政府为志愿服务事业提供哪些帮助”进行了问卷调查，发现有 27.5％的志愿者希望政府能够将志愿服务事业专项经费纳入到政府的财政预算中，在所有选项中这一呼声最高（见图 7-2）。

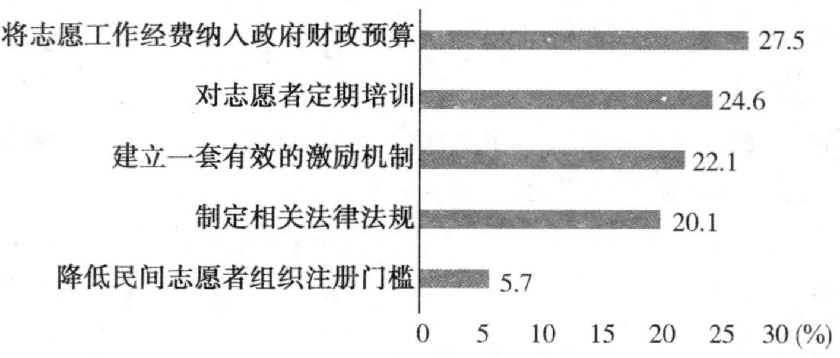

图 7-2　希望政府为志愿服务提高哪些帮助（N＝245）

进一步的访谈表明，许多管理者认为志愿者组织面临的主要困境是资金欠缺，并认为这直接影响了动员工作以及服务的多样化、专业化发展。对此，政府应发挥财政投入的引导作用，加大经费支持。具体来说需要深入探索和创新以下几个方面：

其一，建立有效的财政保障机制。加强对专项志愿服务活动的资金资源支持。一是把志愿服务经费纳入年度财政预算，在每年的公益性财政支出中拿出一定比例的专项资金，为一些重要的志愿服务领域和志愿服务重点项目提供必要的资金支持并及时公示基金的使用和投入明细，接受社会监督。二是加强与民政、财政及其他部门的联系沟通，争取更多资金资源支持，加大福利彩票公益金等对志愿者奖励和项目的扶持与对组织动员、人才培养、志愿者权益保障等方面的投入。三是设立志愿服务基金或志愿者援助基金。广东省创立的全国首个地方性“志愿者事业发展基金会”对此提供了宝贵经验，2007 年 6 月 19 日，该基金会在广州宣告成立，这在中国志愿事业历史上具有里程碑意义。在短暂的时间里，基金会向社会筹集到 3000 多万元资金，用于支持志愿组织建设、弘扬志愿文化、保障志愿者权益等。2009 年 7 月，中国志愿服务基金会成立，标志着大陆志愿服务规范化、制度化发展的新飞跃，为资助志愿组织积极开展志愿者动员和服务活动、保障志愿组织良性运行、引导志愿服务健康发展、加强社会志愿服务体系建设提供了有力支持。目前需要进一步扩大志愿服务基金会设立的区域范围以及募款数量，用以解决志愿者组织活动运行经费、人身保险、办公场所以及开展动员工作等开支。四是开发社会化筹资渠道，吸纳企事业单位、社会组织和个人对志愿服务活动的捐赠，争取更多资金资源支持，推动志愿服务活动深入持久地开展。

其二，通过“政府购买服务”或“政府委托服务”的方式大力支持志愿服务，即政府出钱，志愿者组织做事，以协议的方式明确双方权利义务，形成契约关系。既使政府尽到了社会责任，又扶持了志愿组织的发展。对此可以借鉴上海、深圳等地的先进经验，依托志愿服务项目，不断扩大政府购买志愿组织服务的领域和规模，在公平竞争的前提下，鼓励行业协会、商会参与承接政府购买服务，培训社会公益组织，促进志愿服务的发展。

其三，进一步落实公益减免税优惠政策。志愿者组织是以助人利他和非营利为宗旨的社会组织，从事的是公益活动，提供的服务基本上属于公共产品或准公共产品，对需求人群和社会整体具有巨大效益。因此，除财政拨款外，政府还应落实包括志愿者组织在内的社会组织的所得税、财产税实行减免的政策优惠，进一步减轻志愿者组织的经费压力，同时鼓励企事业单位和个人捐助志愿者组织，拓展志愿组织的资金募集渠道，解决其资金严重不足的难题。

三、统一规范、分类指导，建立综合协调机制

鉴于目前志愿者组织主体多元化、管理体制多样化等问题，需要创立统一规范、分类指导的志愿服务组织管理机制。所谓统一规范是指政府应建立统一的管理和服务支持平台，为各类志愿服务组织发展提供协调服务，比如统一的志愿者注册登记制度、服务认证制度和服务考评体系；所有志愿者组织都要遵守国家统一制定的有关志愿服务的法规条例及政策，真正发挥好服务支持平台在志愿者动员与创新方面的重要作用。所谓分类指导则指现阶段要制定有针对性的政策，对不同类型志愿服务的组织进行分类培育扶持。对官方化的志愿组织应理顺政社关系，重新界定党政部门对志愿组织的权力界限和管理界限，逐步弱化以至消除对志愿组织的行政干预，确保这些组织独立自主运行。对于民间志愿者组织，政府公共部门可以通过调节资源配置等方面的社会政策，对其价值取向和功能领域进行有效引导，通过进一步改革“双重管理体制”，落实直接注册、降低门槛等措施，促使更多的民间志愿者组织合法化。同时通过评估、审计等刚性手段对民间志愿者组织规范性运作进行监督，鼓励各类民间志愿者组织以合法方式代表其成员诉求利益，并使他们的不同意见能在一定的规则框架和组织平台上得到表达。

随着各种类型志愿者组织能力的提升，迫切需要改变以往各个志愿者组织之间互不统属、资源分散、各行其是的局面，建立统一的组织领导机构和协调推进机制，落实《志愿服务条例》所规定的，由文明委统筹协调，民政部门行政管理以及共青团等组织推进的志愿服务工作发展机制。同时，积极鼓励社会和公众力量参与志愿服务，创新社会管理，进而有效整合志愿者组织资源，凝聚各

界力量，形成推动志愿服务工作的合力。

四、完善统一的志愿者注册制度，建立志愿者数据库

目前负责志愿者注册管理的工作主体仍然十分分散，导致志愿者组织动员工作相对盲目、混乱。许多志愿者组织，除了动员本组织内部的固定对象外，对组织外部动员通常采用“广撒网”的方式，仅仅利用本组织搭建的信息平台发布信息，往往收效甚微。从根本上讲志愿者注册分散的主要原因在于志愿者组织管理口径混乱，文明委、共青团、妇联、民政部、慈善总会、老龄委等不同系统都有各自管辖的志愿者组织体系，同时各自实施动员、注册及管理工作，最终导致志愿资源配置无序、动员效果受到限制。

对此，需要尽快宣传并严格执行《志愿服务条例》，明确由民政部门负责志愿服务行政管理工作，包括志愿者注册的规范管理、志愿服务组织的登记管理、志愿服务信息化建设等职责，有效避免“政出多门”的困扰。目前需要做的工作有：建立覆盖全国的志愿服务信息系统和志愿者数据库，进一步加强志愿者注册制度建设，采取线上与线下相结合的方式，研发实用性强的志愿者登记注册管理系统，建立互联互通的全国志愿者联网系统平台，统一注册登记、统一认证编号、统一时间积累、统一档案管理，利用平台开展志愿者动员、宣传等工作，同时为志愿者和服务人群提供良好的资源链接，打破志愿者组织各自为政、互不相通的格局。

在“互联网＋”背景下，建立全国性的志愿者数据库是政府有关部门以及所有志愿者组织面临的崭新课题。调研发现，目前一些志愿者组织已经开始在小范围内推行志愿服务手机 APP，用来解决志愿者多重注册的困扰，只是普及程度有待进一步提高。比如，山东日照市 YG 助残志愿者协会的志愿者智能综合移动管理平台：“刚开始只是利用网络资源建立了公益打卡器，服务时长利用自主开发的志愿服务 APP 软件进行记录，现在已经逐渐发展为

集注册、管理、评估于一体的志愿服务辅助系统。”(150611A_c)

建立面向全社会的统一完善的志愿者数据库意义重大。它属于一种集志愿者注册管理、志愿服务项目管理、志愿服务活动评估于一体的智能化管理服务平台，可以让志愿服务组织、队伍和需要服务的对象等信息更加对称，使不同组织、不同地区的志愿者囊括于统一的信息平台中。其中注册的志愿者与志愿组织可以通过自己的公益账号在数据库中寻到有志愿需求人群的信息，实现供需双方的信息对接；志愿者完成服务后，其服务内容和时长会累计到自己专有的个人账户上，让志愿者“一份档案走天下”。对于志愿者组织而言，有助于统计和整合志愿者资源，促进信息共享，既保证动员的针对性，又保证了动员效率。

第二节　加强志愿者组织能力建设，完善组织管理机制

志愿者组织开展广泛而有效的社会动员离不开志愿者组织自身能力的全面提升。在当前民众和社会对志愿服务需求日益增长的情况下，需要特别重视和加强志愿者组织的动员能力建设。

一、提升志愿者组织管理机制建设

志愿者组织的管理机制建设是志愿服务事业健康发展的根本保障和有力抓手，影响甚至决定着志愿服务的长效性与规范化。“志愿者管理是影响志愿者在志愿服务中的价值观、责任感、态度、

技能和行为的理念和文化、政策和制度"①。当前我国志愿组织管理中还存在着诸多问题，如参与人员素质不高、资金缺乏、组织纪律松弛、管理粗放、社会公信力不足等，对志愿组织功能发挥及其动员工作产生负面影响，因此必须特别重视组织管理机制建设。

（一）明确组织使命，加强组织战略规划

在组织管理建设方面，志愿者组织首先要明确使命，加强组织战略规划，促进志愿者组织与政府、企业、社会以及志愿者个体建立密切联系。其次建立健全组织内部规范管理制度，在社会动员、人员选用、项目开发、资金筹集和运转、财务管理等方面有章可循。再次要不断克服行政化倾向，进一步转变思想观念，加强能力建设，使志愿组织定位从依附型向自主型转变，真正体现志愿者组织的公益性、自主性、志愿性等根本特征。对于那些自下而上发展起来的草根志愿组织，则需要完善志愿组织的内生机制，规范日常管理和完善引导服务体系，保障志愿者组织队伍的稳定性和社会动员的针对性，不断提高组织自我服务、自我提升的能力。

（二）建立健全志愿者招募甄别机制

目前，许多志愿者组织缺乏必要的招募甄别制度，除个别项目外，志愿者在参与志愿服务时几乎没有限制，这导致许多不具备服务能力的志愿者及一些别有动机的人进入到志愿服务队伍之中，严重影响志愿服务的质量和效果，同时也不利于志愿组织的内部动员。在美国，志愿者招募有严格的条件和程序，如密尔沃基博物馆的志愿者招募程序为：公众交纳会费成为会员；会员填写志愿者申请表；博物馆审查合格后根据申请者申请的岗位组织培训(6 个月左右)；申请者培训考试合格后与博物馆签订服务合同成为志愿者；志愿者根据博物馆的要求按时上岗；博物馆每年对志愿者的工

① ［美］菲利普·科特勒、艾伦·R.安德里亚森：《非营利组织战略营销》，孟延春等译，中国人民大学出版社 2003 年版，第 302 页。

作进行绩效评估，不合格者将被解除志愿服务合同，由候补志愿者替补。正是这近乎苛刻的动员与招募机制使参与志愿服务成为公众赢得社会尊重的重要途径，使参与者从中找到了社会认同感和个人成就感。① 我国志愿服务事业发展还不够成熟，需要志愿者组织借鉴发达国家先进经验，尝试建立规范的志愿服务招募甄别机制，进一步完善具体细节，以提高志愿服务质量，增强其影响力。

（三）完善激励机制，建立多层次表彰制度

志愿服务源于爱心和奉献，但没有一项事业仅凭爱心和热情就能长盛不衰的。对“志愿者组织在社会动员方面应该注重哪些方面”的调查数据显示，排在第一位的是“建立一套有效的激励机制”（见图 7-3）：

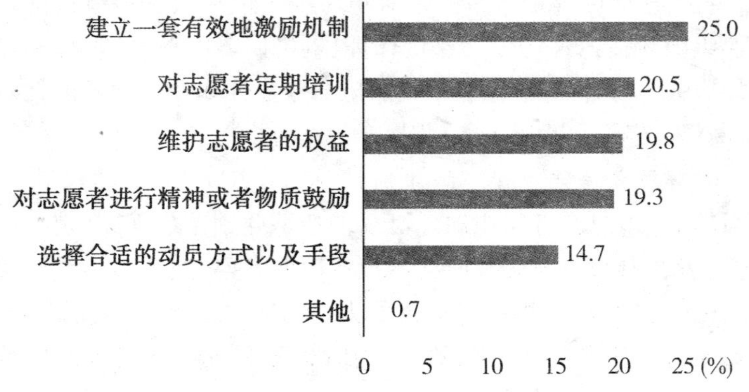

图 7-3　志愿者组织在社会动员方面应该注重哪些方面（$N=688$）

目前，我国志愿者组织的激励机制主要采取榜样激励与精神激励等较为单一化的手段，已不适应转型社会的现实，因此需要建立自我激励、组织激励与社会激励相结合的多元化激励制度。

① 参见《美国志愿服务的做法和启示》，重庆志愿服务网，http://www.zycq.cn/article/32882.html.

一是强化志愿者的自我激励机制。志愿者的自我激励是志愿者积极性、主动性和创造性的内在来源，也标志着志愿精神内化为志愿者品格和行为习惯。志愿者组织需要高度关注志愿者特长和潜能的发挥，力争把每位志愿者安排到适合自己的岗位上，增强其服务的愉悦感、成就感和自信心，满足其自我实现的需要。

二是建立多层次、多样化的志愿者表彰奖励制度。国家定期核实志愿者贡献与业绩，对突出者予以表彰、奖励，鼓励公共服务机构等对有良好志愿服务记录的志愿者给予优待；推行志愿者服务证书制度，规范志愿者星级认证体系以及嘉许、表彰、回馈制度；在文明城市和文明单位创建、文明个人评选活动中，应增加组织和参与志愿服务的权重，切实在全社会形成以志愿服务为荣的政策导向。调查中有志愿者甚至建议，每个城市都应为志愿者建立专门的公交卡、建立市长表彰优秀志愿者制度等，通过这些激励措施，增强志愿者的荣誉感、自豪感和成就感，并在全社会形成关爱志愿者、崇敬志愿者、争当志愿者的浓厚氛围，扩大志愿者的影响力。企事业单位及各类志愿者组织则应完善组织内部的志愿者表彰制度，采取多样、灵活、新颖的激励措施，建立科学合理的考核评价体系，以志愿者个人公益账号登记的服务内容和时长为基础，将志愿服务成果纳入到志愿者个人工作晋升、升学、择业的评价体系之中，从而改变传统上只有精英志愿者才能获得诸多肯定的状态，使更多的志愿者不仅在熟人社会中得到肯定，而且在社会上也同样能受到尊重和敬佩，以促进志愿者的参与热情。

三是为优秀志愿者提供一定的物质性奖励。在美国，志愿服务是有报酬的，但这些报酬要用特殊形式兑现，例如年龄在18～24周岁并且参加“全国民事社区服务队”的志愿者，10个月服役期满后可得到6000美元的津贴及2000多美元的一次性奖学金[①]；这些物质性奖励的背后是政府、企业和社会强有力的资金支持。我国志愿服务的物质激励机制尚未出台，有待于今后进一步加强。比如应该更多地推广与普及志愿者服务“储蓄”制度，把提供志愿服务与优先享受志愿服务以及获得物质奖励结合起来，吸引更多民众的关注与参与。

动员志愿者和民众参与志愿服务需要政府和志愿者组织共同努力，改革与完善志愿者激励机制，把志愿者参加志愿服务作为公民道德评价的重要指标，并以成文法规的形式确定下来。

（四）强化培训机制，重视志愿者的培训与培养

如前所述，对志愿者开展培训不仅是提升志愿者服务理念与服务质量的重要途径，而且还是针对志愿者开展动员的重要方式与手段。调查中发现，目前志愿者组织管理欠缺的表现之一是对志愿者培训欠缺。访谈过程中，不少志愿者组织负责人提出了对培训的渴求：“我们急需社会工作方面的人才以及对志愿者的培训，宣传方面也急需培训。”(131215H_a1)“关于培训各个志愿者组织都认为很有必要，志愿者本人也渴望得到培训，至于培训形式、内容都可以多样化。”(131208H_f)

由此可见，志愿者组织应加强志愿者的培训工作，建立团队定期开展统一培训。可以依托高等院校、科研机构和大型公益组织，建设志愿者培训基地，加快培养志愿者组织急需的理论研究人才、高级管理人才、社会动员人才、项目运作人才、专业服务人才、宣传推广人才等，不断激发志愿者事业的内生力量，从根本上改变一些志愿者组织管理松散、建设水平低下的状况。至于具体的培训形式需要探索分层和阶梯式的培训方法，逐步划分志愿者基本知识

① 参见张庆武：《中美志愿者激励的差异性比较》，《中国青年研究》2008年第8期。

培训与专业技能培训等不同类型，以满足不同层次志愿者的需要。正如访谈对象所说："不同层次的志愿者干的活不一样，培训的内容也不一样，志愿者组织负责人的培训普通志愿者不懂也不愿意听。同样，对志愿者的培训，志愿者组织负责人都懂，没必要再去听，他们也不愿意听。"(150527J_a1)

此外，还要特别注重对组织内部优秀志愿者骨干进行重点培养，充分发挥志愿者骨干的带头作用和组织协调能力。另外，需要将正式的讲堂式的培训与非正式的面对面交流式的培训相结合，两者相互补充。调查中一些志愿者组织负责人反映，课堂式培训很正规，可以系统学习志愿服务的理念和服务技巧，除此之外还可以交流式的培训作补充，这种形式能够分享经验并反思服务中的教训。

(五)建立健全志愿者保障机制

《志愿服务条例》明确指出要对志愿者强化权益保障，规定志愿服务组织招募志愿者应当说明与志愿服务有关的真实、准确、完整的信息，以及在志愿服务过程中可能发生的风险；安排志愿者参与志愿服务活动，应当与其年龄、知识、技能和身体状况相适应，并提供必要条件。

建立健全志愿者保障机制，对志愿者给予最基本的权益保障，保护志愿者人身和财产等权利，解除志愿者服务中的后顾之忧，有助于推进志愿者动员活动的深入开展。具体来说，一方面需要建立和完善志愿者人身保险制度。志愿服务具有无偿性，但有些特殊领域的志愿者尤其是各种救援志愿者存在着安全风险，对此志愿者组织可尝试通过与商业保险企业合作建立志愿者风险基金，开发专项险种；根据活动或项目特点为注册志愿者提供按天计算的保险，让志愿者在人身和财产权益的保障真正落到实处，以此提高动员客体的参与积极性，提高动员效果。另一方面还要加强志愿服务的经费支持与保障，除政府提供加大支持外，还需要鼓励社会慈善捐赠与志愿服务活动相结合，引导志愿者组织与爱心企业组成志愿服务联盟，争取更多的社会支持和帮助，以缓解志愿服务活动的运行经费不足、人身保险缺位和办公场所紧张等压力。

二、拓展服务领域，有效发掘志愿者资源

志愿服务项目和服务基地是志愿服务组织开展志愿服务的主要载体，志愿者组织通过这些载体为特定群体和社会公益事业提供服务。调查发现，目前许多志愿者组织已经逐渐摆脱了过去那种"为搞活动而活动"的志愿服务模式，逐渐转化为以项目化操作、日常化运作为主的工作形态。同时也发现，志愿项目开发过程中依然缺乏创新性、多样化不足、吸引力和持续性不够等问题。因此，需要各类志愿者组织利用自身优势，紧密结合志愿者特点和受助群体的现实需求，创新服务内容，开发并推广对志愿者有吸引力、对受助者有切实帮助的精品项目，实现以服务理念引领志愿者、以服务项目凝结志愿者、以服务内容吸引志愿者的目标，不断推动志愿服务项目向常态化、专业化、精品化发展，吸引更多民众的参与，使志愿服务永远充满生机和活力。

伴随中国社会快速转型，无论服务需求方还是服务提供方都会随之增加，志愿者组织作为连接两者的中介与桥梁，需要在挖掘志愿者资源方面给予更深入的探索。目前一些志愿者组织在动员志愿者时仅把眼光局限在大学生身上，事实上，志愿者资源可以来自社会不同阶层和人群，从长远来看，志愿者队伍构成将体现出多元化格局，除学生之外，家庭妇女、退休人员、工商界人员、社会精英都是志愿者的后备军，他们或主动参与到志愿行动中，或从受助对象转变为志愿者，这些都亟待志愿者组织不断深入挖掘。以济南市志愿者组织品牌"QC 义工"为例，该组织致力于"每位公民都可以成为志愿者""展我所长、尽我所能、倾我热情、回报社会"的理念。在他们看来，每个人都是平凡人，参加志愿服务是一件平常且能带来满

足感和愉悦感的事情，志愿者不是媒体塑造的“高大全”英雄，任何人都可以成为志愿者，不管能力大小、水平高低、居住何处，只要你愿意为社会奉献、为他人服务，“QC义工”都会接纳并满足你的愿望。正是在这种理念的引导下，“QC义工”吸引了众多民众的参与。

三、根据服务对象和志愿者的需求有效选择动员方式与技巧

如前所述，志愿者组织对动员平台、动员方式以及动员技巧的选择直接影响动员效果。调查发现，不同类型的志愿者组织通常选择不同的动员方式，如企事业单位志愿者组织、政府类志愿者组织的动员习惯以传统的组织动员方式进行；社区类志愿者组织情感动员、骨干、精英动员表现突出；而高校志愿者组织及民间志愿者组织不仅注重运用传统的志愿动员方式，而且积极使用新媒体作为动员载体，将两者有机结合。事实上，动员过程中，没有绝对的单一化动员方式，各志愿者组织需要根据服务任务要求以及服务活动安排，积极主动利用自身资源，突破传统的动员方式和思维惯性，有针对性地将传统志愿者动员方式与现代新型动员方式结合起来。

在动员过程中，志愿者组织需要树立按需动员的意识，即根据服务活动需要来选择动员方式。比如在大型比赛或救灾救援志愿服务中，组织化动员符合服务人群规模大、动员速度快等特征，可彰显工作效率；在日常化的志愿服务中，可选择分散性、个别性、灵活性强的社会化动员方式。动员技巧也是志愿者组织需要考虑的因素。不少志愿者是凭爱心和兴趣而参加志愿服务的，他们有的喜欢日常化、细微化的服务，有的喜欢系统化、大场面的志愿服务，这就需要志愿者组织考虑到志愿者本身的需要和习惯选择合适的动员技巧。一方面，尽量将志愿服务活动设计得更人性化，不单纯强调志愿活动的政治意义和社会意义，而是尽可能联系民众的生活实际，突出其志愿活动与民众生活幸福、社会美好之间的密切关

系;另一方面,选取新颖方式吸引民众争当志愿者,而不是简单地号召、宣传与教育。日本召开爱知世博会时为了吸引志愿者的参加,就向志愿者广泛赠送世博会吉祥物和纪念章,并根据服务时数提供相应的免费参观机会,最终吸引了数万名来自日本本土和其他各国的志愿者报名参与,服务热情很高,有些志愿者多次参与服务。由于志愿者是主动、积极寻求服务机会的,工作起来都非常认真、细致和周到。[①] 可见,基于志愿者参与乐趣、服务体验、经历启发、经验积累去动员,就会激发志愿者参与的热情,进而创造良好的服务效果。

在互联网背景下,志愿者组织还需要把新媒体作为动员工作的有力手段,重点打造志愿者的网站和省市志愿者网站群,加强微博、微信、QQ 群、手机 APP 等阵地建设,形成多层次、广覆盖、宽领域的志愿者组织新媒体工作体系,增强志愿服务的吸引力。

第三节　弘扬志愿文化,创造优良的社会环境

先进文化是引领社会进步的重要因素。以具体的城乡社区为依托,营造支持志愿服务事业的优良社会环境,使志愿文化深深扎根于群众心中,是做好志愿动员的前提与必要条件。

---

① 参见谭建光、李森主编:《中国志愿服务指南》,广东人民出版社 2007 年版,第 35 页。

一、加大宣传力度，营造良好文化氛围

我国自古就有“乐善好施”的传统美德，为宣传志愿文化、动员民众参与志愿服务提供了很好的社会基础。据调查，目前大众媒体对志愿服务事业的宣传并不充分，甚至存在商业化现象，影响了民众的认知与积极参与，因此除了需要政府在政策上积极引导宣传外，应充分发挥电视、广播、报纸、网络等媒体的宣传动员优势，借助广大民众喜闻乐见的方式，大力宣传志愿服务精神、内容、成效及参与方式，倡导“助人自助”“送人玫瑰，手有余香”的志愿理念，以丰富生动的服务事迹感化大众，塑造志愿者的良好形象。通过倡导“志愿服务人人可为，时时可为，处处可为”的观念，形成“有困难找志愿者，有时间做志愿者”的良好社会氛围，让志愿精神深入人心，进而使志愿服务成为人们的自觉行动和生活方式。以英国为例，英国志愿服务虽然已得到绝大多数公众的认可，但政府和众多志愿组织依然不断坚持开展相关宣传，在学校、汽车站、飞机场等许多公共场所都能看到志愿服务的宣传材料。[①] 这种做法对普及志愿文化、提高公众对志愿服务的认知并形成心理认同，促使志愿服务活动成为一种“全民义务”或“全民责任”无疑具有积极影响。

就具体办法而言，广泛使用志愿服务文化标识符号极有必要。除悬挂志愿者组织的标志外，还应提倡在活动中使用统一的服务标志，比如志愿者标志、旗帜、服装等。事实证明，作为志愿者形象的重要载体，文化标识符号有助于促进组织活动规范化，而且还能够提升志愿服务在社会上的影响力，唤起民众的广泛关注。

---

① 参见宫俊卿：《志愿服务发展的现状、问题及对策——以济南市为例》，山东大学硕士学位论文，2010年。

二、大力拓展社区、单位和学校资源

社区是人们生活的地域共同体,在社区中加大志愿者动员力度,使“利他助人”的思想深入人心,并形成模范效应,吸引更多的人参与志愿服务事业中来。就企业来说,动员和鼓励员工参与志愿服务队伍,可以提升企业形象、增强企业的社会责任感有利于企业的长远发展。学校应当开设志愿服务课程,把志愿精神作为未成年人思想道德建设和大学生思想政治教育的重要内容,体现到课堂教学、课外活动和社会实践中,并在选拔、表彰优秀学生时注重志愿服务经历与表现,这对增强广大青少年的志愿服务意识、动员他们参与志愿服务定会发挥重要作用。

另外,建立社工、志愿者联动机制十分必要。社会工作专业人才在社会管理和公共服务方面发挥着专业化的作用,而志愿服务事业由于多种限制因素及服务环境的不成熟,其活动的专业性还不强。社工义工联动机制的建立,不仅能够提高志愿服务活动的专业性和持续性,而且还能够整合社工、志愿者两种人力资源,建立强大的关系网络,最大限度地动员人力和整合资源。上海、深圳等地创建的社工义工联动机制相对成熟,许多社会组织建立“社工加志愿者联动站”,这些先进经验需要进一步推广与总结。访谈中,志愿者组织负责人多次提到这一机制:“应该关注社工的作用,建立社工、志愿者联动机制。”(131412H_f)

三、借鉴国际先进经验,加强志愿组织社会动员领域的学术研究

目前我国志愿服务事业发展还不成熟,在自身实际基础上积极引进和借鉴国际社会开展志愿者社会动员的先进经验至关重要。应注重“走出去”与“引进来”相结合,创造条件开展与其他国家及港、澳、台地区的志愿者组织交流合作,建立国内外志愿组织交流合作的经常性机制,以适应志愿服务全球化趋势。

学界需要加强志愿者组织社会动员理论与实践的学术研究。随着党和政府对志愿服务事业的日益重视，志愿服务领域逐渐引起学者们的兴趣，理论层面、实践层面及各地区志愿组织经验层面的研究初见成效，引导和促进了志愿服务事业的深入发展。然而也要看到，现阶段志愿服务研究大多停留在宏观理论分析、服务经验介绍和具体的措施建议水平上，对志愿服务事业运行机制、志愿服务事业整体性质和志愿者组织社会动员机制等方面的研究依旧十分欠缺。对此需要各级政府要重视志愿者组织的研究，牵头成立课题组为此研究相关问题及其对策；高校与研究机构也需要积极关注志愿组织动员领域的研究动向和状况，介绍和借鉴发达国家先进成果，总结和提炼本土化的优秀经验，通过设立志愿服务研究基金、发布课题、组织评审、成果转化、宣传推介等方式推进理论创新。此外还需要建立志愿服务专门研究机构，出版志愿服务理论与实务专著，培育志愿服务专家队伍，为志愿者坚守志愿服务阵地、促进民众加入志愿者组织提供理论依据和行动指南。

第四节　培养志愿服务精神，扩大志愿服务影响力

当前民众对志愿服务的认可程度还较低，积极扩大志愿文化的影响力，培育每个公民的志愿精神和服务理念是志愿者组织社会动员的重要内容。

一、提高民众自身修养和素质，培养志愿服务理念

扶危济困是中华民族的传统美德，志愿服务应成为人人践行

的生活方式。目前仍有相当多的部门、机构、组织和个人将志愿者当作特殊群体，没有将志愿服务活动作为日常生活的一部分。调研中有志愿者反映，他们在向亲友告知自己参加服务活动时，常被蔑视或讥笑，比如对方说“你傻呀”“你闲着没事干呀”，或者讽刺“就你崇高”“就你有爱心”。这在一定程度上挫伤了志愿者的积极性。因此，应该加强对志愿精神的宣传，扩大其社会影响力，通过家庭教育、学校教育、社会教育等多种途径，努力让民众明确志愿服务利他利己的价值，使志愿精神深入人心。有志愿组织负责人提出了很好的建议：“将道德课加入志愿服务的内容，中小学生必须要在一年中有志愿服务工时，否则其道德评判不能算合格。如果志愿服务能与孩子们的教育直接挂钩，那么将来他们的志愿服务意识和自身修养绝对不一样。”(150520A_e)对于个人来说，志愿服务不是一时尝鲜的活动，而应纳入到日常生活中去，将其作为自己应承担的责任和义务，甚至成为行为习惯。

二、注重骨干、精英的带动作用，扩大志愿服务影响力

人们参与志愿服务活动并不是一种孤立的个体行为，会受到与之有密切联系的其他人的影响。[①] 目前，由于志愿服务面向社会的辐射还不充分，需要树立先进人物典型，注重骨干和精英的模范带动作用。通常来说，作为志愿者组织的核心力量，组织的领袖和骨干对组织内外其他人有更强的影响力和带动作用，对动员更多人从事志愿服务具有重要意义。座谈调研中，一些志愿者组织管理人员多次呼吁应该树立志愿者先进典型，扩大领导干部、组织骨干和精英在志愿者服务事业中的影响力，认为这是志愿者动员的有效途径。他们说：“精英人物、骨干力量在志愿服务过程中具

---

① 参见罗公利、肖强，《青年志愿服务长效机制建设研究——以山东省大学生志愿服务为例》，经济科学出版社 2014 年版，第 201 页。

有很强的感召力，作为精英人物或者骨干力量，在志愿服务活动上表现得积极主动，通常会带动本社区居民和身边的人参与。”(150617A_c)

本章小结

作为“公民社会组织”，志愿者组织是我国社会转型和体制转轨时期产生的新事物，尽管发展历史不长，但已充分证明它对回应与满足民生需求和促进社会进步方面具有重要作用。面对志愿组织动员存在的问题，需要政府、社会、志愿者组织及志愿者同心协力，不断创新和探索。

政府层面要进一步明确志愿者组织社会动员的功能与价值，把志愿服务纳入到国民经济和社会发展规划中去，大力宣传、真正落实国家新出台的《志愿服务条例》；加大扶持力度，降低志愿者组织准入门槛，加大经费投入力度，设立志愿服务基金或志愿者援助基金，通过政府购买服务或政府委托服务等方式支持志愿服务，构建统一规范、分类指导的志愿者组织综合协调机制、完善统一的志愿者注册制度，建立志愿者数据库。组织层面，在当前民众和社会对志愿服务需求日益增长的情况下，需要特别重视和加强志愿者组织的动员能力建设。通过建立完善志愿者招募机制、激励机制、培训机制及保障机制，调动志愿者的参与热情，提升民众参与意愿；通过创新服务内容、拓展服务领域，实现以服务理念引领志愿者、以服务项目凝结志愿者、以服务内容吸引志愿者的目标。另外还要根据服务对象和志愿者的需求有效选择动员方式与技术，发掘动员客体资源。就社会层面而言，需要社会各界共同努力，充分发挥社会媒体尤其网络媒体的宣传动员优势，广泛宣传优秀志愿者先进事迹，营造良好的文化氛围。从个体层面而言，针对当前民众对志愿服务的认可程度还较低的状况，要把培育公民志愿精神和服务理念作为志愿者社会动员的重要内容，明晰志愿服务于人于己的深刻价值。

结　语

习近平总书记在2013年“五四”青年节同各界优秀青年代表座谈时指出：“广大青年要倡导社会文明新风，带头学雷锋，积极参加志愿服务，主动承担社会责任，热诚关爱他人，多做扶贫济困、扶弱助残的实事好事，以实际行动促进社会进步。”志愿服务作为公民参与社会治理、履行社会责任、扶助弱势人群、提高公共服务效能、增进社会公益的重要方式，是构建和谐社会的重要组成部分，也是推动社会全面发展的重要手段和社会文明进步的重要标志。志愿服务活动的成效很大程度上取决于广大志愿者和民众的积极参与程度，这就决定了志愿者动员行动在志愿服务领域发挥着极其重要的作用。目前中国志愿者组织的动员水平尚处于发展的初级阶段，其作用远未与社会需求和经济社会体制转型相适应，对此需要各级政府的高度重视，制定更加完善的政策和措施，加大对志愿服务事业的支持力度；需要多样化的志愿者组织在开展志愿服务活动时通过多方面的实践积累，努力发掘志愿者组织社会动员的新途径、新方法、新技术；需要学术界深入志愿者和民众之中，不断探索志愿服务事业发展的内在规律、发展过程与未来趋势，形成更为全面、深入的研究成果，为中国志愿服务事业贡献智慧。

附件一　志愿者组织社会动员访谈与座谈提纲

被访者姓名：________性别：______年龄：______职位：______
电话：__________访问者：____________访问时间：_________
访问地点：____________________

一、组织基本信息

1. 组织成立时间。
2. 组织是否登记注册。
3. 组织内部大概有多少志愿者团队与成员。
4. 组织性质(政府、企业、事业、民间、社区、高校)。
5. 志愿活动开展情况。
6. 志愿活动领域与内容。
7. 主要服务对象。

二、关于志愿者组织的动员

1. 在志愿者活动中，当地政府是否开展动员活动？是否形成了社会动员组织机构网络？由谁牵头？各级部门、单位、社区以及民间组织是否协调联动？

2.开展志愿活动，您所在的志愿者组织是否进行了志愿者与民众动员？

3.一般什么时候开展志愿者动员（即动员时间与节点，如紧急情况、大型活动、日常生活等）？

4.在动员过程中，动员对象一般是哪些人？经过动员，哪些人愿意参加？哪些人不愿意参加？为什么？

5.维持该组织基本运转主要需要哪些资源（包括人力、财力、知识与技能、政策、善款、公益物资等）？一般如何获得这些资源？

6.工作人员一般怎样动员民众参与志愿活动？动员方式有哪些？

（1）组织动员：如制定相关规定、政策，建立动员机构、党员发动、骨干调动、命令式动员等；

（2）行动动员（参与动员）：如召开动员会议、举办相关培训、活动设计与开展、与本职工作结合的动员等；

（3）宣传动员（或教育动员、传媒动员），具体的宣传形式、方法、特点和机制是什么？

①宣传鼓动、舆论宣传、编写读物、简报等；

②媒体动员：四大媒体（电视、广播、网络、报纸）、书籍和刊物、网站、手机、微博、微信、QQ平台等；

③标语口号、形象宣传、歌曲、诗歌、漫画、标示等；

④广播、报栏、壁报等；

⑤艺术形象宣传（形象大使）、纪录片、纪实性形象宣传、典型现场观摩、展览会等。

7.在志愿者动员方式中，您认为哪些方式比较有效或效果不大？您们更愿意采用哪些动员方式？

8.该组织在动员时会承诺给志愿者哪些好处？对志愿者是否开展激励？具体谈谈激励的内容与方式，这些激励对于动员更多的志愿者参与是否有价值？有什么具体表现？

9.当地政府在动员中起到什么作用？上级领导是否重视志愿

组织的动员？通常情况下，他们是否会加入志愿者行列？

10.组织的核心人物或精英人物在动员志愿者过程中起到何种影响作用（如直接领导、间接促进、榜样激励、资金支持、行动带领、担任形象大使等）？

11.最希望政府为志愿服务事业发展提供哪些支持（如制定相关法律法规、对志愿者定期培训、将志愿服务经费纳入政府财政预算、建立有效的激励机制、降低民间志愿者组织注册门槛等）？

12.请您自己总结一下，该志愿者组织在动员工作中最突出的特征是什么？

13.您认为目前志愿者动员过程中的主要问题是什么？

14.您认为动员志愿者或民众参与志愿服务与哪些因素有关？

15.对加强志愿者组织社会动员您有什么建议？

附件二　志愿者组织社会动员现状调查问卷

尊敬的先生/女士：

近年来，我省志愿服务事业发展迅速，为全面了解志愿者动员现状、功能、存在问题与发展趋势，更好地推动志愿服务事业的健康发展，我们特进行本次调查。请按照您的真实情况在相应选项上打“√”，或在横线上填写答案即可。根据《统计法》的要求，我们将对您的个人信息严格保密，并承诺本问卷数据只用于学术目的。

衷心感谢您的合作！

山东大学“志愿者组织社会动员”调查组

2015 年 4 月

第一部分　个人基本信息

1. 性别：

(1)男　　　(2)女

2. 年龄(周岁)：________________

3. 您的政治面貌或宗教信仰：

(1)中共党员　(2)共青团员　(3)民主党派　(4)宗教信徒

(5)无信仰人士

4.您的学历：

(1)小学及以下　(2)初中　(3)高中或中专

(4)大学专科　(5)大学本科　(6)硕士

(7)博士及以上

5.您的婚姻状态：

(1)未婚　(2)已婚　(3)离异

(4)丧偶

6.您的职业类别：

(1)工人　(2)农民　(3)公务员

(4)公司职员　(5)个体工商户　(6)私营企业主

(7)服务人员　(8)科教文卫人员　(9)离退休人员

(10)在校学生　(11)家务劳动者　(12)无业/失业人员

7.您的个人月收入：

(1)1000 元以下　(2)1001～2000 元　(3)2001～4000 元

(4)4001～6000 元　(5)6001～8000 元　(6)8001 元以上

8.您第一次参加志愿服务的时间是：____年____月

第二部分　志愿者的动员问题

1.您所在的志愿者组织是否有下列制度或设施(请在相应的表格里打√)：

您所在的志愿者组织是否有下列制度或设施	有	无
规范志愿者服务的制度性文件		
完整的组织管理体系		
明确的人员分工和岗位职责		
办公活动场所		

续表

您所在的志愿者组织是否有下列制度或设施	有	无
专门的文化标志(如徽章等)		
志愿者工作网站		
志愿者信息管理系统		
网上社区或论坛		
志愿服务数据库		
对志愿者进行登记注册		
为志愿者提供相关培训		
对志愿活动进行记录、评估或奖励		
提供正式的志愿服务证明		
有规范的财务管理		
为志愿者提供补贴(如交通、午餐、通信等补助)		

2.是谁发动您参加志愿服务的(可多选):

(1)共青团组织　　(2)政府民政部门

(3)民间志愿者组织　　(4)社区居委会(或村委会)

(5)工作或学习单位　　(6)家人、邻居、朋友或熟人

(7)没有人动员,完全以个人名义参与

(8)其他(请注明):______

3.您认为谁是发起志愿者活动最合适的组织主体是(可多选):

(1)共青团组织　　(2)政府民政部门

(3)民间志愿者组织　　(4)社区居委会(村委会)

(5)工作或学习单位　　(6)家人、邻居或朋友熟人

(7)志愿者个人　　(8)其他(请注明):______

4.您主要通过何种渠道获取志愿活动的信息(可多选):

(1)共青团组织　　(2)工作单位(或学校)等相关部门
(3)民政部门等其他政府组织　　(4)社区居委会
(5)民间志愿者团体　　(6)公共场所的宣传资料
(7)电视、报纸、电台等媒体　　(8)同事或朋友
(9)网络传播或手机短信　　(10)其他(请注明):______

5.您最愿意接受的志愿活动动员平台是(可多选):
(1)论坛、贴吧和 qq 群　　(2)微博或博客
(3)电子邮件　　(4)手机短信　　(5)电话
(6)微信　　(7)电视、报纸、电台等大众媒体
(8)公共场所电子屏幕　　(9)网站公告栏

6.您认为志愿者组织的培训对于动员更多志愿者参与服务是否有价值:
(1)有　　(2)没有　　(3)不知道

7.你所在的组织对志愿者开展何种奖励(可多选):
(1)优先获得志愿组织或其他志愿者提供的服务
(2)获得荣誉表彰
(3)升学、择业或晋升获得政策性优惠
(4)获得物质奖励(比如奖金或物品)
(5)没有

8.这些奖励对于动员更多的志愿者参与是否有价值:
(1)有　　(2)没有　　(3)不知道

9.您认为志愿组织成员流失的主要原因是(可多选):
(1)项目缺乏吸引力
(2)服务内容单调乏味
(3)服务时没有成就感
(4)参与服务的渠道不顺畅
(5)缺乏资金支持
(6)亲友不支持

(7)志愿组织内部缺乏人情味

(8)志愿者得不到社会的尊重

10. 您认为阻碍志愿者组织发展的外部因素有哪些(可多选):

(1)缺乏政府和社会的资金支持

(2)缺乏相关法律政策支持

(3)主管部门不明确

(4)缺乏对志愿组织与服务的理论研究

(5)民众参与度不高或认同度不高

(6)宣传力度不够

(7)活动平台缺失

11. 您认为阻碍志愿者组织发展的内部因素有哪些(可多选):

(1)组织文化吸引力差

(2)组织行政色彩浓厚、效率低下

(3)培训方式和培训内容不适宜

(4)组织激励机制效果不佳

(5)组织的领导与骨干培养工作不到位

(6)组织的场所设备等硬件条件较差

(7)志愿者流动性过大,参与活动的持续性差

(8)缺少合适的带头人和影响者

12. 您认为志愿者组织开展动员的价值如何(可多选):

(1)有利于更多志愿者加入志愿服务队伍

(2)有利于组织志愿服务目标的实现

(3)有利于传播志愿服务理念

(4)可以调动参与者的积极性

(5)没有什么积极作用

13. 您最希望政府为志愿服务事业发展提供哪些支持(可多选):

(1)制定相关法律法规

(2)对志愿者定期培训

(3)将志愿工作经费纳入政府财政预算

(4)建立一套有效的激励机制

(5)降低民间志愿者组织注册门槛

14. 您认为目前志愿者动员过程中的主要问题是什么(可多选):

(1)缺少对志愿者动员重要性的认识

(2)动员活动流于形式,没有实质内容

(3)信息不通畅,缺少动员平台

(4)领导不重视　　　　(5)动员对象范围狭窄

(6)动员方式单一　　　　(7)其他(请注明:________)

15. 您认为志愿者组织在社会动员方面最应该注重哪些方面(可多选):

(1)领导人的高度重视

(2)对志愿者定期培训

(3)对志愿者进行精神或者物质鼓励

(4)建立一套有效的激励机制

(5)选择合适的动员方式以及手段

(6)维护志愿者的权益

(7)其他(请注明:________)

16. 请您就志愿者组织在社会动员方面提出宝贵建议。

____

____

____

____

____

____

____

____。

17. 您还有哪些话想对主管部门及组织管理者说？

____

____

____

____

____

____

____。

问卷到此结束，再次谢谢您的配合！

祝您身体健康，阖家幸福！

主要参考文献

一、著作

[1]孙立平:《动员与参与—第三部门募捐机制个案研究》,浙江人民出版社,1999 年版。

[2]安国启:《志愿行动在中国——中国青年志愿者行动研究》,中央文献出版社 2002 年版。

[3]北京市志愿者协会:《北京志愿模式研究》,北京出版社 2009 年版。

[4]北京市志愿者协会:《志愿组织建设与管理》,中国国际广播出版社 2006 年版。

[5]陈为雷:《社会工作行政》,中国社会出版社 2010 年版。

[6]陈新亮:《中国大学生志愿者行动研究》,湖南人民出版社 2015 年版。

[7]党秀云:《志愿服务制度化》,国家行政学院出版社 2013 年版。

[8]丁元竹、江汛清、谭建光主编:《中国志愿服务研究》,北京大学出版社 2007 年版。

[9]丁元竹、江汛清:《志愿活动研究:类型、评价与管理》,天津人民出版社 2001 年版。

[10][美]菲利普·科特勒,艾伦·R. 安德里亚森:《非营利组织战略营销》,孟延春等译,中国人民大学出版社 2003 年版。

[11]冯利、章一琪:《中国草根组织的功能与价值》,社会科学文献出版社 2014 年版。

[12]关海庭主编:《20 世纪中国政治发展史论》,北京大学出版社 2002 年版。

[13]郭庆光:《传播学教程》,中国人民大学出版社 1999 年版。

[14]侯玉兰、唐忠新主编:《社区志愿服务理论与实务》,中国社会出版社 2009 年版。

[15]金耀基:《从传统到现代》,台湾时报文化出版股份有限公司 1990 年版。

[16]李友梅:《中国社会生活的变迁》,中国大百科全书出版社 2008 年版。

[17]李玉亮:《义工管理实务》,中国社会出版社 2011 年版。

[18]李兵、张恺悌、何珊珊主编:《社会服务》,知识产权出版社 2011 年版。

[19]刘祖云主编:《发展社会学》,高等教育出版社 2005 年版。

[20][美]罗伯特·帕特南:《使民主运转起来》,王列、赖海荣译,江西人民出版社 2001 年版。

[21]罗公利、肖强等:《青年志愿服务长效机制建设研究》,经济科学出版社 2012 年版。

[22][德]马克斯·韦伯:《经济与社会》,林荣远译,商务印书馆 1997 年版。

[23]《毛泽东选集》(第四卷),人民出版社 1966 年版。

[24]莫于川主编:《中国志愿服务立法的新探索》,法律出版社 2009 年版。

[25]民政部社会工作司:《社会工作与志愿服务关系研究》,中国社会出版社 2011 年版。

[26]聂阳阳:《中国志愿服务法制化践行与探索》,中国政法大学出版社 2010 年版。

[27][美]塞缪尔·亨廷顿:《变化社会中的政治秩序》,王冠华等译,三联书店1989年版。

[28]施雪华:《政治科学原理》,中山大学出版社2001年版。

[29]宋玉芳:《奥运会志愿者管理研究》,北京体育大学出版社2008年版。

[30]沈杰:《志愿行动》,人民出版社2009年版。

[31]孙立平、晋军:《动员与参与:第三部门募捐机制个案研究》,浙江人民出版社1999年版。

[32]谭建光、李森主编:《中国志愿服务指南》,广东人民出版社2007年版。

[33]谭建光主编:《中国广东志愿服务发展报告》,广东人民出版社2005年版。

[34]谭建光:《志愿服务:理念与行动》,人民出版社2014年版。

[35]谭建光主编:《中国农村志愿服务发展报告》,人民出版社2010年版。

[36]田军主编:《志愿服务理论与实践》,立信会计出版社2007年版。

[37]唐明勇、孙晓晖主编:《危难与应对:中国视野下的危机事件与社会动员个案研究》,中共党史出版社2010年版。

[38][法]托克维尔:《论美国的民主》,董果良译,商务印书馆1988年版。

[39]王名:《非营利组织管理概论》,中国人民大学出版社2002年版。

[40]王旭宽:《政治动员一政治参与》,中央编译出版社2012年版。

[41]王向民等:《危机事件中的社会组织》,华东师范大学出版社2012年版。

[42]王焕清、魏国华主编:《志愿行动与文明社会建设》,人民出版社2012年版。

[43]张仲国、聂鑫、刘淑艳:《雷锋精神与志愿者》,中国财政经济出版社 2013 年版。
[44]张孝芳:《革命与动员》,社会科学文献出版社 2011 年版。
[45]吴忠民:《渐进模式与有效发展——中国现代化研究》,东方出版社 1999 年版。
[46]徐中振:《志愿服务与社区发展》,上海三联书店 1998 年版。
[47]余冰:《街坊变迁:城市社区组织的国家性与社会性》,人民出版社 2012 年版。
[48]袁媛、谭建光:《中国志愿服务:从社区到社会》,人民出版社 2011 年版。
[49]张网成:《中国公民志愿行为研究:现状、特点及政策启示》,知识产权出版社 2011 年版。
[50]中国社会科学院语言研究所词典编辑室:《现代汉语词典》,商务印书馆 2002 年版。
[51]朱建刚:《行动的力量——民间志愿组织时间逻辑研究》,商务印书馆 2008 年版。
[52][以]S. N. 艾森斯塔德:《现代化:抗拒与变迁》,陈育国、张旅平译,中国人民大学出版社 1988 年版。
[53]《简明不列颠百科全书》编辑部:《简明不列颠百科全书》(第二卷),中国大百科全书出版社 1985 年版。
[54] Bourdieu, P. *Handbook of Theory and Research for the Sociology of Education*, New York: Greenwood Press, 1985.
[55] Lieberman, J. K. "The Litigious Society." New York: *Basic Books*, 1981.

二、期刊论文

[1]毕素华:《社区志愿激励机制探析:个人和组织的两个层面分析》,《社会科学研究》2011 年第 6 期。

[2]边燕杰、丘海雄:《企业的社会资本及其功效》,《中国社会科学》2000 年第 2 期。

[3]蔡勤禹、张芝辉:《当前我国慈善组织关系探析》,《社会保障研究》2010 年第 1 期。

[4]陈岱:《志愿服务在台湾》,《人民政坛》2012 年第 7 期。

[5]陈庆之:《充盈在传统文化中的志愿精神》,《社会与公益》2011 年第 2 期。

[6]陈叶纪:《社会动员的要素、运作方式与特点》,《中国农村卫生事业管理》2000 年第 3 期。

[7]陈卓:《志愿服务保障机制的法治化》,《国际关系学院学报》2009 年第 1 期。

[8]党秀云、蒋欢:《我国志愿者权益保障:困境、问题与对策》,《新视野》2010 年第 3 期。

[9]邓万春:《从能力到主体:社会动员研究的话语转向》,《理论导刊》2009 年第 1 期。

[10]董文琪:《乡村文化建设中的精英动员与志愿失灵——以"屈原乡村图书馆"为例》,《中国非营利评论》2011 年第 1 期。

[11]冯博雅:《日常性专业化志愿服务的动员与参与——以 H 中学"学校社工站"志愿服务为例》,《广东青年干部学院学报》2010 年第 2 期。

[12]甘泉:《略论社会动员的时代价值》,《学习月刊》2010 年第 10 期。

[13]高丙中:《"公民社会"概念与中国现实》,《思想战线》2012 年第 1 期。

[14]高嵘:《美国志愿服务发展的历史考察及其借鉴价值》,《中国青年研究》2010 年第 4 期。

[15]郭焕龙:《话说社会动员机制》,《前线》2009 年第 3 期。

[16]韩晶:《当代大学生参与志愿服务的障碍研究》,《青年研究》2003 年第 1 期。

[17]贺红霞:《关于大学生志愿者服务动机的调查研究》,《高教研究与实践》2013 年第 1 期。

[18]胡卫萍、陈世伟:《我国慈善义工活动存在的不足及其法律对策》,《江西社会科学》2011 年第 12 期。

[19]胡卫萍:《慈善义工行为法律属性探讨》,《老区建设》2011 年第 2、4 期合刊。

[20]黄立丰:《近二十年来社会动员问题研究的回顾与思考》,《中共宁波市委党校学报》2013 年第 2 期。

[21]黄信瑜、石东坡:《台湾地区志愿服务立法评述及其启示》,《江苏社会科学》2012 年第 6 期。

[22]江汛清:《中外志愿活动比较》,《青年研究》2003 年第 1 期。

[23]蒋柳萍:《从世博会志愿者组织看社会动员——兼论公共管理中的公民参与》,《前沿》2010 年第 21 期。

[24]蒋逸民、章恺、孟维岩等:《青年志愿者社会动员方式的调查》,《当代青年研究》2009 年第 12 期。

[25]金世斌、商洋:《无锡“志愿服务 1＋4”模式的调研与思考》,《江南论坛》2015 年第 10 期。

[26]康秀云:《美国培育积极公民的志愿服务路径研究》,《外国教育研究》2012 年第 7 期。

[27]兰华:《我国公民社会发展与服务型政府建设——治理理论的视角》,《山东大学学报(哲学社会科学版)》2005 年第 5 期。

[28]李博:《志愿服务体系建设问题》,《山东师范大学学报(人文社会科学版)》2011 年第 3 期。

[29]李德成、郭常顺:《近十年社会动员问题研究综述》,《华东理工大学学报(社会科学版)》2011 年第 6 期。

[30]李六:《社会资本理论和中国的社会资本》,《世界经济情况》

2010 年第 4 期。
[31]李培林:《另一只看不见的手:社会结构转型》,《中国社会科学》1992 年第 5 期。
[32]李芹:《转型期中国志愿服务的基本特点》,《社会工作》2014 年第 4 期。
[33]李芹、于琳:《青年志愿服务:影响因素及问题分析》,《青少年研究》2011 年第 2 期。
[34]利辉、ArronSong:《英国海外志愿服务社》,《国际人才交流》2005 年第 2 期。
[35]梁莹:《公民治理意识、公民精神与草根社区自治组织的成长》,《社会科学研究》2012 年第 12 期。
[36]梁颖:《关于社区思想政治工作社会动员和资源整合的思考》,《学术论坛》2003 年第 6 期。
[37]刘安:《市民社会? 法团主义? ——海外中国学关于改革后中国国家与社会关系研究述评》,《文史哲》2009 年第 5 期。
[38]刘一皋:《社会动员形式的历史反视》,《战略与管理》1999 年第 4 期。
[39]刘祖云:《社会转型:一种特定的社会发展过程》,《华中师范大学学报(哲学社会科学版)》1997 年第 6 期。
[40]龙太江:《从"对社会动员"到"由社会动员"》,《政治与法律》2005 年第 2 期。
[41]龙永红:《官办慈善组织的资源动员:体制依赖及其转型》,《学习与实践》2011 年第 10 期。
[42]缪建红、俞安平:《非营利性组织中对志愿工作者的管理》,《科学管理研究》2002 年第 1 期。
[43]穆青:《如何理解志愿服务与志愿精神》,《北京青年政治学院学报》2005 年第 3 期。
[44]乔世东:《社会资源动员研究》,《上海交通大学学报(哲学社会

科学版)》2009 年第 5 期。

[45]石大建、李向平:《资源动员理论及其研究维度》,《广西师范大学学报(哲学社会科学版)》2009 年第 6 期。

[46]谭建光、周宏峰:《中国志愿者:从青年到全民——改革开放30 年志愿服务发展分析》,《中国青年研究》2009 年第 1 期。

[47]谭建光:《青年志愿服务:转型与发展——关于广东省青年志愿服务的调查分析》,《青年研究》2000 年第 11 期。

[48]谭建光:《中国志愿服务:从社区到社会》,《广东青年干部学院学报》2010 年第 9 期。

[49]唐有财、符平:《转型期社会信任的影响机制——市场化、个人资本与社会交往因素探讨》,《浙江社会科学》2008 年第 11 期。

[50]王春兰、袁明符:《我国社区志愿者的组织激励问题与对策研究——以广东×××联合会为例》,《广东青年干部学院学报》2011 年第 85 期。

[51]王功名:《浅谈社会转型期政治稳定中的社会动员》,《宁波大红鹰学院学报》2010 年第 2 期。

[52]王国伟:《资源动员:城市社区公共服务资源获得机制研究》,《学术探索》2010 年第 2 期。

[53]王俊秋:《山东省社区志愿服务发展现状及路径研究》,《德州学院学报》2012 年第 5 期。

[54]王仕民、郑永廷:《现代社会条件下的社会动员与引导对策》,《社会科学》1997 年第 9 期。

[55]王玉生、盛志宏等:《网络公益组织资源动员策略探析——以广西公益联盟的成员组织为例》,《学术论坛》2014 年第 8 期。

[56]王占军:《高校公益性学生社团的组织资源动员——关于北京师范大学“农民之子”的案例研究》,《复旦教育论坛》2008 年第 1 期。

[57]王哲、李凌:《发展志愿服务事业,创新社会动员机制》,《北京城市学院学报》2012年第2期。

[58]文斌兴:《试论大学生志愿者的社会动员机制》,《高校教育研究》2009年第9期。

[59]吴开松:《当代中国动员机制转化形态研究》,《内蒙古社会科学》2007年第3期。

[60]吴楠:《媒体在我国灾害救助社会动员中的角色及作用》,《辽宁行政学院学报》2010年第2期。

[61]夏瑛:《从边缘到核心:集体行动框架与文化情境》,《社会》2014年第1期。

[62]肖艳:《台湾地区志愿服务发展历程、特点与经验》,《社科纵横》2012年第1期。

[63]肖瑛:《从"国家与社会"到"制度与生活":中国社会变迁研究的视角转换》,《中国社会科学》2014年第9期。

[64]徐家良:《危机动员与中国社会团体的发展》,《中国行政管理》2004年第1期。

[65]徐鹏:《90年来中国共产党社会动员方法的历史考察与现实启示》,《西安社会科学》2012年第1期。

[66]徐勇:《"宣传下乡":中国共产党对乡土社会的动员与整合》,《中共党史研究》2010年第10期。

[67]许昀:《从"国家与社会"视角看社会团体的内部治理问题》,《社团管理研究》2009年第5期。

[68]杨恕、续建宜:《美国志愿者运动述评》,《国际论坛》2002年第1期。

[69]杨叙:《丹麦的志愿服务及对北京的启示》,《北京社会科学》2003年第2期。

[70]姚曙光:《论湖南近代社会动员的乡土性》,《江苏社会科学》2003年第2期。

[71]于海:《志愿运动:志愿行为和志愿组织》,《学术月刊》1998 年第 11 期。

[72]张方华:《社会资本理论研究综述》,《江苏科技大学学报(社会科学版)》2005 年第 4 期。

[73]张敏杰:《欧美志愿服务工作考察(上)》,《青年研究》1997 年第 4 期。

[74]张敏杰:《欧美志愿服务工作考察(下)》,《青年研究》1997 年第 5 期。

[75]张庆武:《中美志愿者激励的差异性比较》,《中国青年研究》2008 年第 8 期。

[76]张网成:《我国志愿者管理现状与问题的实证分析》,《中国社会科学院研究生院学报》2011 年第 6 期。

[77]张文宏、阮丹青:《城乡居民的社会支持网》,《社会学研究》1999 年第 3 期。

[78]张晓红、朱珍瑶:《台湾志愿服务特写》,《北京城市学院学报》2013 年第 4 期。

[79]张笑涛:《理性选择制度视野下的中国公民精神》,《许昌学院学报》2012 年第 3 期。

[80]张孝芳:《抗战时期中共群众动员的组织机制分析——以陕甘宁边区的社会教育运动为例》,《党史研究与教学》2008 年第 5 期。

[81]张燕玲、张晓红:《国外志愿服务发展趋势》,《北京城市学院学报》2012 年第 6 期。

[82]章友德、周松青:《资源动员与网络中的民间救助》,《社会》2007 年第 3 期。

[83]赵凌云、邓蕾等:《民间组织动员机制论析》,《广西社会科学》2010 年第 8 期。

[84]郑永廷:《论现代社会的社会动员》,《中山大学学报(社会科学

版)》2000 年第 2 期。

[85]朱恒顺:《关于我国志愿服务立法的若干思考——以美国加拿大经验为借鉴》,《山东大学法律评论》2011 年第 1 期。

[86]朱力:《暴雪下的中国式社会动员》,《人民论坛》2008 年第 4 期。

[87]敖带芽:《德国志愿体系对我国发展志愿组织的借鉴与思考》,《探求》2014 年第 2 期。

[88]Yli－renlo H. Autio E, Tontti V, "*social capital, knowledge, and the international growth of technology－based new firms*", International business review, No. 11, pp. 279-304.

三、析出文献

[1] 蔡勤禹、刘巧胜:《转型期志愿动员问题探析》,上海市慈善基金会、上海慈善事业发展研究中心编:《志愿服务与义工建设》,上海社会科学院出版社 2007 年版。

[2] 丁时照:《高举爱的旗帜——记深圳市义务工作者》,中国青少年研究中心:《深圳共青团工作社会化发展之路》,中国青年出版社 1997 年版。

[3] 何道峰:《2012——中国公益社会培育基地的孕育》,杨团主编:《中国慈善发展报告(2012)》,社会科学文献出版社 2013 年版。

[4]刘佑平:《中国慈善事业现状及发展》,中共青岛市委宣传部、青岛市民政局等单位主编:《第三届"慈善事业"论坛慈善论文选编》,2012 年。

[5] 罗军飞、李好:《灾难与救助:灾难管理中民间志愿者组织研究》,湘潭大学出版社 2010 年版。

[6] 谭建光、朱莉玲、李霞:《志愿服务与义务工作:从分化到多

元——中国珠江三角洲志愿事业发展的一个案例》，上海市慈善基金会、上海慈善事业发展研究中心编：《志愿服务与义工建设》，上海社会科学院出版社 2007 年版。

[7] 吴刚：《中国社区志愿服务发展分析》，上海慈善事业发展研究中心、上海市慈善基金会：《志愿服务与义工建设》，上海社会科学院出版社 2007 年版。

[8] 赵文词：《五代美国社会学者对中国国家与社会关系的研究》，赵军译，涂肇庆、林益民主编：《改革开放与中国社会》，香港牛津大学出版社 1999 年版。

[9] 朱建刚、赖伟军：《2011 年民间公益发展报告》，杨团主编：《中国慈善发展报告(2013)》，社会科学文献出版社 2012 年版。

[10] 朱莉玲：《志愿者三类型：资深、骨干与普通——深圳市志愿者队伍及其建设探析》，上海市慈善基金会、上海慈善事业发展研究中心编：《志愿服务与义工建设》，上海社会科学院出版社 2007 年版。

四、学位论文

[1] 曹波：《志愿者权益保护若干法律问题思考》，复旦大学硕士学位论文，2009 年。

[2] 黄晓东：《社会资本视域下的政府治理问题研究》，吉林大学博士学位论文，2009 年。

[3] 侯松涛：《抗美援朝运动中的社会动员》，中共中央党校博士学位论文，2006 年。

[4] 李会先：《抗战时期陕甘宁边区民众动员研究》，首都师范大学博士学位论文，2008 年。

[5] 孟维岩：《青年志愿者社会化动员方式研究——以上海市闵行区为例》，华东师范大学硕士学位论文，2010 年。

[6] 宋海明：《转型期志愿服务动员机制研究——以济南市“泉城

义工"志愿服务为例》,山东大学硕士学位论文,2009 年。

[7] 田丽:《非营利组织资金管理运营研究》,东北财经大学博士学位论文,2012 年。

[8] 王博:《志愿者权益保护研究》,长春理工大学硕士学位论文,2012 年。

[9] 叶昊宇:《我国志愿服务社会动员机制研究——以成都市志愿服务为例》,电子科技大学硕士学位论文,2009 年。

五、政府文件、网站文章和报纸文章

[1]《美国志愿服务的做法和启示》,重庆志愿服务网,http://www.zycq.cn/article/32882.html.

[2]《山东省五方面推进志愿服务常态化制度化》,山东文明网,http://sd.wenming.cn/sd_zyfw/201604/t20160418_3297926.shtml.

[3]《山东省注册志愿者已近 550 万人常态化水平不高》,http://www.xinhuanet.com/local/2015-08/12/c_1116221449_3.htm.

[4]《山东省人民政府关于贯彻落实国发[2014]61 号文件促进慈善事业健康发展的意见》(鲁政发[2015]16 号)。

[5]《上海市志愿服务条例》,上海人大网,http://www.spcsc.sh.cn/n1939/n2440/n2493/u1ai11876.html.

[6]《中国志愿服务联合会:覆盖志愿者数量过亿》,人民网,http://society.people.com.cn/n1/2015/1218/c1008-27947964.html.

[7] 共青团中央:《关于印发〈中国注册志愿者管理办法〉的通知》(中青发[2006]55 号)。

[8] 刘芳:《中国志愿服务的广东经验》,中国文明网,http://www.wenming.cn/zyfw_298/yw_zyfw/201412/t20141204_

2326497. shtml.

[9] 尚阳:《中国志愿行动实施 20 周年,志愿者人数已达 4043 万》,中国青年网,http://news. youth. cn/gn/201312/t20131202_4316041. htm.

[10] 史祎、李泽伟:《全国已建 43 万个志愿者组织,人数超过 5000 万》,新浪公益,http://gongyi. sina. com. cn/gyzx/2013－12－06/102146743. html.

[11] 谢玉堂:《抓住机遇乘势而为山东慈善事业发展再创辉煌——在山东省慈善总会第二届理事会第一次会议上的讲话》,山东省慈善总会第二届理事会第一次会议,2012 年 5 月 21 日。

[12] 赵君:《山东志愿服务诞生 30 个"金牌项目"》,http://www. dzwww. com/shandong/sdnews/201508/t20150819 _ 12930416. htm.

[13] 中共中央办公厅印发《关于深入开展学雷锋活动的意见》,人民网,http://cpc. people. com. cn/GB/64093/64387/17282033. html.

[14] 中央文明办:《精神文明建设工作简报》(2015 年第 50 期),中国文明网,http://www. wenming. cn/wmcj _ pd/gzjb/201602/t20160205_3137683. shtml.

后 记

伴随中国社会现代化进程的快速推进、公民社会的逐步成长和国际社会志愿服务实践的广泛影响，中国志愿者组织走过了几十年历程，志愿服务组织参与面越来越广、参与程度越来越高，服务内容和形式正在由单一化走向多元化，从服务弱势人群的初期生长点走向全面关注人的总体生存状态，初步形成各级政府重视、社会各界支持、民众积极参与的长效发展机制。但从总体情况看，目前志愿者组织及其志愿服务事业仍处于发展过程的初期阶段，志愿者组织主要还是由行政力量推动。志愿者组织化和社会化水平较低，自主空间不足；公众经常性、长期性参与志愿服务的比例不高，还有不少民众尚未参与到志愿服务的行列中；志愿者组织的动员能力比较薄弱，许多志愿服务项目的长效化、制度化水平还比较低，极大制约了志愿服务的活动成效。由此决定了必须建构和完善志愿者组织的社会动员机制，倡导志愿精神，扩大社会认知，凝聚更多服务资源。

本书系 2011 年国家社科基金项目《转型期我国志愿者组织的社会动员研究——以山东为例》研究成果。在调研过程中，课题组成员立足于中国转型期的社会现实，结合国内外相关研究成果，运用访谈与问卷等实证调研方法，着力探讨志愿者组织的动员主体、客体、方式、功能、影响因素以及动员特点等问题，试图将转型期中国志愿者组织社会动员的现实表现、内部差异和未来发展三大主题概括成志愿组织动员理论体系，希望全面揭示中国志愿者组织开展社会动员的基本脉络和机制构建，对以往志愿服务理论作出补充与拓展。同时通过考察志愿组织动员现存问题，提出对策建议，希望能为志愿者组织的动员工作和健康发展提供参考。

2017 年 8 月 22 日，国务院总理李克强签署国务院令，公布了国家层面的志愿服务法律，即《志愿服务条例》，并宣布自 2017 年 12 月 1 日起施行，这是新中国志愿服务事业发展历史的里程碑，也是我们多年期盼的结果。本书于 2016 年 6 月成稿，尽管出版之前我们已经作了修改，但书中内容与新颁布的《志愿服务条例》的内容还存在着一定的距离。调研、写作过程中我们花费了很大气力，但由于水平和能力有限，无论结构上还是观点表达以及资料调研方面，均存在种种欠缺，需要在日后的研究中继续努力。

本书凝聚了课题组成员的心血与智慧，李芹、刘伟负责设计全书架构、资料收集和部分章节撰写，李芹对全书作了最后修改与完善，万佩佩、李佳、冀会会参加了调研工作并进行了若干章节撰写。

本书在写作过程中，引用并参考了大量研究成果，在此向所有作者表示深深的感谢。

感谢高功敬、方垒、禹昂、向维在课题调研与数据统计过程中的热忱参与，感谢王双双在访谈资料整理中的辛勤付出。

感谢全国哲学社会科学规划办公室的立项与资助。

感谢调研过程中相关部门和所有志愿者组织成员的指导和配合。没有志愿者们的精神激励和他们生动的志愿服务实践，本书的完成是不可能的，在此表达对他们的诚挚敬意与感激。

感谢山东大学出版社米克荣教授的精心指导和帮助。

衷心祝愿新时代中国志愿服务事业更加健康地发展！

李　芹

2018 年 6 月 29 日于山东大学中心校区